회기동 연가

'옛이야기'로 풀어보는
경희대학교 학생운동사 I (1978-1980년)

회기동 연가

'옛이야기'로 풀어보는
경희대학교 학생운동사 I (1978-1980년)

정해랑 지음

달의
뒤편

서울의 봄을 만들었던 작은 기억들

　1980년 서울의 봄은 우리에게 흔히 '패배의 역사' '좌절의 시간' '전두환 신군부가 새로운 군사독재정권으로 탄생한 오욕의 시대'로 기억된다. 그러나 그 패배, 좌절, 오욕의 역사 속에는 수많은 사람의 피와 땀이 있었다는 것을 잊지 말아야 한다. 그 순간까지 오기 위해 멀리는 동학농민혁명, 3.1대혁명, 독립전쟁 등이 있었고, 4.19민주혁명을 비롯하여 현대사의 고비 고비마다 무수한 투쟁이 있었음도 기억해야 한다. 그것을 딛고 일어났기 때문에 비로소 5.18광주민중항쟁, 6.10민주항쟁, 촛불항쟁, 빛의 혁명이 있었다는 것도 이제 우리는 생각해야 한다.

역사의식은 거창한 것이 아니라 바로 그런 것이 아닐까. 자기가, 자기들이 하늘에서 떨어진 것이 아니라 무수히 많은 앞선 사람들의 피와 땀으로 이룬 것을 물려받아 그 가운데서 길을 찾고, 무언가를 이후 사람들에게 넘겨주기 위해 매 순간을 충실히 살아야 한다는 것을 아는 것이 바로 역사의식이리라.

같은 시간대의 어느 누구, 어느 집단만으로 역사는 이루어지지 않는다. 수많은 사람의 뜻, 한 사회의 거의 절대다수를 차지하는 사람들의 바람이 모여서 비로소 새로운 시대는 열린다.

역사가 정의의 편이라는 것은 의심할 여지 없는 진실이다. 역사에서 정의의 편에 서야 마땅한 사람이 압도적으로 많기 때문이다. 하지만 그것은 그 역사가 기록되고 기억될 때의 일이다. 인류의 역사는 그 역사들을 묻어버리고, 왜곡하고, 대다수 사람이 모르도록 하는 짓을 끝없이 자행해 왔다. 그 야만을 벗어나면서 비로소 밝혀진 진실들이 지금 우리에게 소중하게 전해진 것들이다.

우리의 현대사는 안타깝게도 야만의 역사에서 벗어나지 못했으나, 민주주의의 진전과 함께 비로소 빛을 보기 시작하고 있다. 그다지 머지않은, 여전히 그 당사자가 생존하고 활동하고 있는 군사독재 시절의 이야기들이 기록의 부재와 왜곡 등으로 묻혀 있고 사라질지도 모른다는 것은 안타까운 일이다. 그 것을 복원하기 위한 노력의 하나로 이 책을 쓰게 되었다.

이 책에서 다루고 있는 것은 1980년 '서울의 봄'이 오기까지, 그 순간을 위해 싸워온 사람들의 극히 일부분의 이야기이다. 구체적으로는 긴급조치 9호로 얼어붙어 있던 경희대학교에서 조직적인 학생운동이 싹트면서 서울의 봄까지 치열하게 싸우 고, 그것이 짓밟힌 뒤, 또 다른 투쟁을 위해 자신의 몸을 던져 싸운 이야기들이다.

이 책은 당시 유신정권에 맞섰던 학생운동의 보편성을 다루 고 있다. 긴급조치 9호 발동 이후 학생운동은 엄청난 폭압에 직 면했다. 이대로 학생운동이 사라지는 것이 아닌가 하는 우려가 생길 정도로 대부분의 대학이 침묵 속에 빠져들었다. 몇몇 대 학에서 시위가 있었지만 대부분 단 몇 초 만에 제압되곤 했다. 그러나 학생운동은 그대로 사라지지 않았다. 그 폭압 속에서 철저한 비합법·비공개 운동의 방식을 개발해 냈고, 마침내 유 신독재의 철벽을 뚫는 데 커다란 기여를 하였다.

경희대 학생운동도 마찬가지였다. 소규모 비공개 조직을 구 성하였고, 이를 토대로 학내 공개조직에 들어가 비공개 조직

성원을 확대해 나갔다. 시위와 유인물 살포를 통해 내적으로는 조직 성원들을 훈련하였고, 외적으로는 학교 내에 충격파를 던졌다. 또한 학교 외부의 야학, 종교단체, 교외 연대조직 등과 결합하면서 배우기도 하고, 연대 의식을 높여 나갔다. 이는 또한 1980년 이후 학생운동으로 이어지는 밑거름이 되기도 하였다.

물론 경희대 학생운동만이 지니는 특수성도 있다. 무엇보다 다른 학교와 달리 단일한 조직이 가능했다. 사립대학재단의 족벌체제가 갖고 있는 부정적인 면이 학생들에게 불만으로 뿌리 깊게 자리 잡고 있었다는 것도 지나칠 수 없다. 그것이 학생들의 투쟁 참여에 커다란 영향을 미쳤지만, 또 한편으로는 정치투쟁으로 발전하는 데 장애물로 작용하기도 하였다.

경희대 학생운동이 이 책에서 다루고 있는 1970년대 말의 비합법 조직에서 비로소 시작되었다고 주장하는 것은 결코 아니다. 이제는 거의 정설로 굳어져 있지만, 경희대학교는 자랑스러운 '신흥무관학교'의 후예이다. 또한 4.19민주혁명 당시 민족통일전국학생연맹에서 중요한 역할을 하고, 이른바 인혁당 재건위 사건에서 박정희 정권에 의해 희생된 이수병 선생의 정신을 이어받고 있다. 4.19민주혁명 이후에도 6.3한일협정반대투쟁, 3선개헌반대투쟁, 교련반대투쟁, 민청학련사건, 1975년 긴급조치 9호 전후의 전국적인 학생시위 등에서도 항상 투쟁의 일익을 담당해 왔다.

그럼에도 이 책이 다루고 있는 비합법 조직이 매우 중요한 의미를 지닌다고 감히 말할 수 있는 것은, 이때부터 조직적인 학생운동이 본격화되었고, 학생운동에 참여했던 학생들이 학교를 떠난 이후 사회운동에서 헌신하는 전통을 만들었으며, 민주동문회의 결성과 초기 활동에서 중요한 역할을 하였기 때문이다.

이 책에서 소개한 20명의 사람들은 경희대 학생운동 전체로 볼 때 '일부분'에 불과하고, 시기를 그 당시로 좁혀보아도 감히 전부라고 말할 수는 없다. 또한 이들 중 생존해 있지 않은 사람도 있고, 워낙 탄압이 심하던 시절이라 기록도 거의 없을 뿐만 아니라 각자의 기억도 상이할 수 있다. 특히 무엇보다 조심스러웠던 것은 이 책에서 다루는 사람들 혹은 같은 시대 같은 공간에서 살았던 사람들에게 어쩌면 이때의 기억 자체가 상처가 될 수도 있다는 점이었다.

상처를 최소화하기 위해 최대한 노력하였다. 이를 극복하면서 이들의 활동과 이후의 삶을 옛이야기라는 형식으로 복원함

으로써 역사를 기억하고, 그 속에서 보편성을 찾아내어 오늘에
도 교훈을 삼을 수 있다면 이 책을 발간한 의미가 있을 것이다.

읽는 분들의 이해와 많은 조언을 부탁드린다.

차례

마침표가 아닌 새로운 출발점

이 책은 1970년대 후반 긴급조치 9호 시대부터 1980년 서울의 봄, 5.18광주민주화운동을 거쳐 전두환 군사독재정권 초기까지, 박정희 정권 전두환 정권 등 군사독재정권에 맞서 어려운 여건 속에서도 줄기차게 싸웠던, 경희대 학생운동 선후배 동지 20명의 뜨거운 투쟁과 삶의 증언을 담고 있습니다. 한 분 한 분의 진솔한 이야기들을 읽어가면서, 그 엄혹했던 시절의 상황과 아픔을 입체적으로 다시 떠올릴 수 있습니다.

이 책의 주인공들은, 가혹한 억압의 그늘 속에서도 자유와 민주주의를 향한 갈망을 꺾지 않은 채, 서로의 손을 붙잡고 시대가 요구하는 책임을 외면하지 않았습니다. 그 엄혹한 시절, 젊은 학생들의 고뇌의 무게와 처절한 고난의 역정이 고스란히 담겨 있습니다. 저는 이 기록 앞에서 주인공 한 분 한 분에게 존경과 감사의 마음을 금할 수 없습니다.

그때로부터 40~50년이 훌쩍 지난 오늘날에도 권력의 오만과 민주주의에 대한 위협은 여전히 반복되고 있습니다. 우리는 지난 윤석열 정권과 12.3비상계엄과 내란을 통해 그것을 뼈저리게 경험했습니다. 그래서 이 책은 단순한 과거의 회고가 아니라 오늘의 우리에게도 살아 있는 교훈이자 힘이 됩니다.

"민주주의는 피를 먹고 자란다"라는 말처럼, 스스로 고난의 길을 택한 이들의 희생과 눈물 위에 우리가 서 있음을 다시금 깨닫게 합니다.

역사학자 조지 산타야나는 말했습니다.

"역사에서 교훈을 배우지 못하는 자는, 다시 그것을 반복할 수밖에 없다."

또한 홀로코스트의 생존자 엘리 위젤은 증언의 책임에 대하여 이렇게 말했습니다.

"죽은 자들과 살아있는 자들을 위하여, 우리는 증언해야 한다."

바로 그렇기에 이 책의 출간은 하나의 마침표가 아니라 새로운 출발점이어야 합니다. 앞으로도 이와 같은 증언과 기록들이 더 많이 이어져 나오기를, 그래서 민주화운동의 역사와 정신이 다음 세대에게도 살아 있는 힘으로 전해지기를 간절히 바랍니다.

많은 분이 이 책을 일독하시어 45년에서 50년 전, 이제 일흔 살 전후의 노인이 된 젊은이들의 치열한 삶과 고민을 가슴으로 느끼고, 우리가 걸어온 민주주의의 길을 다시금 소중히 여기게 되기를 바랍니다.

2025년 여름

－류태선(목사, (사)긴급조치사람들 상임이사)

지난날은 그리워질지니…

'회기동 연가(?)'라…

처음에는 '경희대 학생운동사' 또는 '경희대 민주주의 투쟁사'가 알맞지 않을까 생각했습니다.

글을 읽다 보니 옛날 일들이 떠올랐습니다. 특히, 1970년대 후반부터 1980년대 전반까지.

어쩌다 보니 감옥이나 노동현장에서 이런저런 이유로 알게 된 이 책의 주인공들 얼굴이 많이 떠오릅니다. 지금 생각해 보면 아주 이른 나이에 인생의 깊은 고민과 큰 결단을 하고 실행에 옮긴 얼굴들입니다.

유신 말기와 전두환 정권 초기의 엄혹했던 시절에 피와 땀과 눈물이 어우러진 과거를 돌이켜보니 다시 한번 회한에 잠기게 됩니다.

주인공들과 같은 수많은 청춘의 조건 없는 헌신과 열정이 없었다면 우리 역사는 지금 어떻게 되어 있을까?

이 글은 단순한 회고담이 아니라 젊은 날의 빛나는 청춘을 바쳐 민주주의와 민중의 생존을 위해 헌신한 눈물겨운 이야기입니다.

너무 힘들었던 이야기, 특히 부모님과 형제들의 가슴에 못을 박은 그런 사연들입니다.

그런 아픔을 통해 우리 역사는 발전했고, 민주주의는 굳건해졌으며, 6월항쟁과 촛불항쟁을 통해 강건해졌습니다. 지난해 겨울 12.3내란으로 민주주의가 풍전등화의 위기에 처했을 때 즉각적으로 수많은 시민이 온몸으로 계엄을 막아내고 내란을 진압하며 빛의혁명을 이뤄낸 것은 이 글의 주인공들을 포함한 무수한 청춘들의 덕이라고 생각합니다.

글을 천천히 다시 읽어보니 투쟁사보다는 연가가 더 어울리는 것 같습니다. 어린 시절, 힘들 때 떠올리곤 했던 푸시킨의 시가 다시 떠오릅니다.

생활이 그대를 속일지라도 슬퍼하거나 노하지 말라.
설움의 날을 참고 견디면 머지않아 기쁨의 날이 올지니,
현재는 언제나 슬픈 것, 마음은 미래에 사는 것.
그리고 지난날은 그리워질지니.

아, 힘들게 투쟁한 시절도 지나고 보니 아프기만 한 것은 아

니고, 그 안에 높은 자존이 있었구나. 그리고 역사 발전에 대한 믿음과 무엇보다 사람에 대한 사랑이 깊이 있었구나, 하고 느끼게 됩니다.

지난날은 그리워지고, 그래서 '회기동 연가'라는 제목이 아련하고 따뜻하게 들어옵니다.

주인공들의 이후의 삶의 궤적도 많은 영감을 줍니다. 젊을 때의 이상과 실천이 어디론가 사라지는 것이 아니라 다양한 삶 속에 자양분처럼 녹아 있음을 알게 됩니다.

아무쪼록 이 책이 우리 사회, 특히 젊은 세대들에게 '청년의 용기와 중년의 신념과 노년의 지혜'를 일깨울 수 있기를 바라며, 주인공들의 건강과 행복을 기원합니다.

−오세범(주민자치활동가, 변호사)

'엄혹한 시절의 투쟁 정신이 면면히 이어지길…'

1987년 6월항쟁 이후 각 대학별로 창립된 전국의 대학민주동문회가 이제는 80여 개 대학에서 운영되고 있습니다. 시대별로 상황이 달랐지만, 그 시대의 아픔을 외면하지 않고 그 시대가 부여한 역사적 과제를 온몸으로 짊어진 채 온갖 시련을 극복하고 해결하고자 했던 사람들이 있었기에 지금에 이르게 되었다고 생각합니다. 특히 서슬 퍼렇던 박정희 유신독재와 긴급조치 시대에 일신의 안위를 돌보지 않고 저항했던 1970년대 선배님들의 투쟁 정신이 후배들에게도 계승되어 왔던 것입니다.

이 책을 통해 경희대 1970년대 선배들의 투쟁 이야기를 읽으면서, 1980년도에 입학했을 당시 복적생으로 처음 만났던 우리 외국어대 선배들의 모습이 겹쳐졌습니다. 그 암울했던 시절에 유인물 배포, 시위 주동, 구속, 제적, 수배, 고문 등의 커다란 시련을 겪으면서, 오로지 독재 타도와 이 땅의 민주주의 쟁취를 위해 외로움과 두려움을 극복했던 선배들의 투쟁은 우리나라 민주주의의 등불이고 밀알이었습니다. 당시 학생운동 활동가가 극소수였기에 겪을 수밖에 없었던 외로움은 선후배·동기들과의 굳건한 동지애로, 엄혹했던 독재 정권 하의 두려움은 역사에 대한 굳은 신념으로 이겨냈을 것입니다.

이웃 학교인 외국어대와 경희대는 서울 동부지역 학생연대를 통해 여러 가지 교류가 있었습니다. 하지만 1984년의 학원 자율화조치 이전에는 이러한 교류를 공개적으로 할 수 없었기 때문에 주로 청량리경찰서 유치장이나 성동구치소에서 만나 친해졌다고 들었습니다. 그리고 감옥에서 나온 뒤 함께 일한 경우도 많이 있었다고 들었습니다.

저 개인적으로는 이 책에 나오는 김봉우 선배님과 짧은 인연이 있습니다.

지금으로부터 41년 전인 1984년, 저는 외국어대 선배인 김천영 선배(75학번)가 운영하던 한울림출판사에서 잠시 일을 했습니다. 이 책의 본문에도 나오지만 한울림에서 『연표 한국현대사』라는 3권짜리 책을 발간할 당시 김봉우 선배께서 1945년 8월 15일부터 1948년 8월 15일까지 국내외 신문 자료들을 연표 형식으로 정리한 원고를 가져와서 이를 바탕으로 편집 작업을 했습니다. 댁을 방문할 때마다 항상 환한 미소로 맞아주던 선배님의 모습이 아직도 기억에 남아있습니다. 김봉우 선배와 김천영 선배도 구치소에서 잘 알게 된 사이라고 들었습니다.

이 책의 내용을 보면서 지금의 민주동문회가 당시 선배님들의 투쟁의 산물이라는 점을 더 구체적으로 느끼게 되었습니다. 경희대는 민주동문회를 30여 년 동안 가장 모범적으로 지속시켜 왔습니다. 지금 제가 회장으로 있는 외대 민주동문회도 30여 년 전에 창립되었지만, 계속 이어지지 못하고 몇 번의 부침이 있었습니다. 다행히 3년여 전에 시작한 재건사업이 성공적으로 이루어져서, 현재는 CMS 납부 정회원이 1960년대 학번부터 재학생까지 분포되어 활발한 활동을 전개하고 있습니다. 지금은 어느 대학에도 뒤지지 않는, 내로라하는 민주동문회로 활동하고 있다고 자부합니다.

　이 책을 보면서 새삼 이전 선배들의 투쟁과 노고가 가슴 깊이 새겨집니다.

　아무쪼록 이 책이 보다 널리 많이 읽혔으면 합니다. 그리하여 1970년대, 1980년대 초반 과거의 투쟁사에 머물지 않고, 당시 선배들의 고귀한 투쟁정신이 1980년대 중후반을 넘어 1990년대, 2000년대 이후 후배들에게까지 면면히 이어져서 이 시대가 부여하고 있는 수많은 시대적 과제들을 해결하고 좀 더 나은 세상을 만들어 나가는데 밑거름이 되기를 간절히 기원합니다.

−김종찬(한국외국어대학교 민주동문회 회장)

"선배들이 뿌린 씨앗이 거대한 소용돌이로 성장하다"

1988년 대학 졸업 후 '연봉' 60만 원에서 시작해 1995년 퇴직할 때 480만 원이었던 첫 직장이 경희총민주동문회입니다. '연봉이야, 월급이야?' 할 정도의 수준이었지만, 8년 동안 연봉이 8배나 오른 사실이 뿌듯했던 것은, 경희총민주동문회가 그만큼 단단해지고 커졌다는 의미였기 때문입니다.

2013년 국가보안법위반 사건으로 국정원 조사를 받을 때(검찰 캐비닛에서 방치되다가 2020년 11월에 무혐의 처분을 받았습니다) 보니, 민주경희, 경희총민주동문회 관련 출력자료 등이 좀 과장하면, 산더미였습니다. 이 또한 경희총민주동문회가 그만큼 단단하고 우리 사회 역사 발전에 기여하는 바가 크다는 징표로 느껴졌습니다.

이런 경희총민주동문회를 있게 한, 경희학생운동을 일군 분들이 바로 김봉우, 이상희, 주세영, 오인택 등의 선배들입니다. 그중 대표주자가 바로 정해랑 선배가 아닐까 싶습니다. 정해랑 선배는 학생 시절부터 지금까지 40여 년간 변함없이 정말 한결 같은 모습을 보여주고 있습니다.

바로 그 선배가 집필한 『회기동 연가 – '옛이야기'로 풀어보는 경희대학교 학생운동사 I (1978~1980년)』을 읽으며, 제가 겪었던 1987년 6월항쟁의 뿌리를 발견할 수 있었습니다.

바둑을 둘 것인가, 대학을 갈 것인가를 놓고 치열한 고민 끝에 대학을 택한 저는 고3이던 1981년부터 사설독서실 생활을 시작했습니다. 당시 '월간조선'에 연재되던 황석영의 소설 '무기의 그늘'과 『전환시대의 논리』, 『해방전후사의 인식』 등의 책을 읽으며 기존 인식이 뒤흔들렸습니다. 수학 교사가 꿈이었던 저는 수학과에 입학했지만, 읽은 책들로 인해 인식이 변했고, 행동은 튀었습니다. 선배들의 눈에 띄지 않으면 이상한 일이었지요.

선배들이 하자는 대로 하면 학교는 제적되고 교도소에 갈 것이 뻔했지만, 수학 선생도 되고 싶었습니다. 하여 피하고 도망치기를 몇 번 했는데, 이우선 누님의 포스에 제압되어 버렸답니다. 이후 저는 당시 보안사의 프락치 권유 공작을 거부하고 휴학-군입대(방위 근무)-복학(1985년)해서 활동했습니다. 그리고 1986년 총학생회 총무를 거쳐 1987년 문리대학생회장으로 활동했습니다.

1987년은 6월항쟁이 있던 해입니다. 그해 4월 경희대학교가 대학야구대회 결승에 진출했을 때, 문리대·법대·정경대 학생회장이 모여서 동대문운동장에서 학교까지 가두시위 행진을 모의했습니다. 다행히 우리 학교가 우승했고, 응원석의 5,000여 학생이 모두 어깨를 걸고 '호헌철폐 독재타도'를 외치며 경희대학교까지 행진할 수 있었습니다. 6월 10일 본관 앞에서 열린 집회는 생전 집회에 나오지 않던 음대와 체대 학생들까지 참여해 '임을 위한 행진곡'을 부르며 본관 앞 광장을 가득 메웠습니다. 6.29선언이 발표되기까지 그해 경희대생 연행자 수는 600명이 넘었습니다.

이렇게 길게 1987년을 말씀드린 이유는 간단합니다. 이 책에서 다루고 있는 20명의 선배들이 뿌린 씨앗이 이렇게 거대한 소용돌이로 성장했다는 것을 말씀드리기 위해서입니다. 유신정권의 긴급조치 암흑시대에 더한 갈등과 번민 속에서도 결단하고 나선 것뿐만 아니라 조직을 일궈서 1987년이 있게 했고, 지금의 우리를, 단단한 경희총민주동문회를 있게 한 선배들을 존경합니다.

『회기동 연가』는 단순한 과거 이야기가 아닙니다. 1970년대 유신독재의 암흑 속에서도 굴복하지 않고 조직적인 학생운동의 토대를 만든 선배들의 투쟁이 1980년대의 민주화운동으로 그리고 오늘날 우리 사회의 민주주의로 이어지는 역사적 연결

22

고리를 보여주는 소중한 기록입니다.

서슬 퍼런 긴급조치 9호 하에서도 비합법 조직을 구성하고, 유인물을 제작·배포하며, 시위를 조직했던 선배들의 용기와 헌신이 있었기에 우리가 경험한 '서울의 봄'과 '6월항쟁'이 가능했던 것입니다. 이들의 투쟁 정신과 조직 경험이 후배들에게 전수되면서 경희대 학생운동의 전통이 면면히 이어져 왔음을 이 책을 통해 확인할 수 있습니다.

이 책을 통해 많은 분이 우리 현대사에서 학생운동이 차지하는 의미와 1970년대 선배들의 숭고한 희생정신을 되새기는 기회가 되기를 바랍니다. 그리하여 그 정신이 이 시대가 부여한 새로운 과제들을 해결하는 밑거름이 되기를 간절히 기원합니다.

－김병수(수학 82)
(전 경희총민주동문회 부회장·사무국장,
(주)대일랩서비스 G&C사업본부장)

"앞서서 나가니, 산 자여 따르라"

경희대학교 교정에 첫발을 디딘 1988년, 저는 설렘과 긴장, 그리고 설명하기 힘든 책임감을 안고 있었습니다. 당시 민주화의 열망은 6월항쟁의 기억과 함께 사회 곳곳에 남아 있었지만, 여전히 권위주의의 그림자는 짙었습니다. 저는 입학과 동시에 학생회 활동에 뛰어들었고, 1992년 총학생회장을 맡으면서 본격적으로 민주주의와 사회 정의를 향한 발걸음을 내디뎠습니다. 그 길 위에서 저는 1970년대 선배님들의 존재를 늘 마음속 길잡이로 삼았습니다.

이 책 『회기동 연가 – '옛이야기'로 풀어보는 경희대학교 학생운동사 I (1978~1980년)』을 읽으며, 제가 걸어온 길이 결코 홀로였던 적이 없다는 사실을 새삼 절감했습니다. 1970년대의 경희대 학생운동은 마치 겨울 얼음 밑에서도 생명을 틔우는 씨앗처럼, 서슬 퍼런 유신 독재와 긴급조치 9호의 암흑 속에서 조용히, 그러나 단단하게 싹을 틔웠습니다.

그 시절 선배들은 개인의 안위보다 시대의 책임을 앞세우며,

자신의 청춘을 기꺼이 바쳐 뜨거운 다짐 하나로 거리로 나섰습니다. 시위 주동, 유인물 배포, 고문과 구속, 제적과 수배… 그 모든 시련을 '두려움'이 아니라 '책임'으로 감당하셨습니다. 그 책임은 단순히 당대의 부당함에 맞서는 것에 그치지 않았습니다. 그것은 아직 태어나지도 않은 미래 세대가 더 나은 세상에서 숨 쉴 수 있도록, 자신들의 오늘과 청춘을 기꺼이 내어주는 일이었습니다.

책 속에서 만난 김봉우, 이상희, 주세영, 오인택, 하석태, 신명식, 신용남, 임우택, 정해랑, 윤종천… 등 선배님들의 이름 뒤에는, 기록되지 않은 수많은 무명의 얼굴들이 겹쳐집니다. 저는 그분들의 존재를 예전부터 들었지만, 이렇게 구체적인 이야기와 함께 마주하니 마치 유치장에서 밤새 이야기를 나누는 듯한 생생함이 느껴집니다. 청량리경찰서 유치장, 성동구치소에서 서로의 안부를 확인하고, 감옥을 나온 뒤에도 다시 투쟁의 현장에서 손을 맞잡았던 그 시대의 동지애가 책 속에 고스란히 살아 있습니다.

저 역시 대학 시절 두 차례의 구속과 수많은 연행 그리고 동지들의 부상과 희생을 겪었습니다. 그 과정에서 깨달은 것은, 투쟁은 결코 개인의 결단만으로 완성되지 않는다는 사실입니다. 앞서 길을 닦은 선배들의 발자취, 함께 어깨를 맞댄 동지들의 연대 그리고 미래 세대의 기대가 함께 어우러질 때 비로소 가능하다는 것입니다. 1970년대 선배들의 투쟁은 1980년대 후반의 우리를 지탱했고, 다시 1990년대, 2000년대를 거쳐 오늘날의 민주주의로 이어졌습니다.

『회기동 연가』는 단순한 '옛이야기'가 아닙니다. 그것은 여전히 끝나지 않은 '행진곡'입니다. "동지는 간 데 없고 깃발만 나부껴"도, 그 깃발을 이어받아 흔드는 이들이 있기에 역사는 멈추지 않았습니다. 깃발은 형태를 바꿔 오늘의 광장에서, 의회에서, 마을에서 그리고 시민들의 마음속에서 여전히 펄럭이고 있습니다.

'임을 위한 행진곡'은 이렇게 노래합니다.
"앞서서 나가니 산 자여 따르라."
이 구절은 단순한 노랫말이 아니라, 우리 모두에게 던지는 명령이자 다짐입니다. 그 앞서서 나간 사람들의 발걸음이 있었기에 지금의 우리가 있습니다. 그리고 그 뒤를 따르는 우리는, 또 다른 후배들에게 깃발을 전해야 합니다.

저는 현재 국회의원으로서 의정활동을 하는 동안에도, 학생운동 시절의 초심을 잃지 않기 위해 늘 스스로를 다잡습니다. 순간순간 정치의 복잡한 이해관계와 격랑 속에서 초심이 흐려지려 할 때면, 『회기동 연가』에서 만난 선배님들의 함성을 기억하겠습니다. 그 함성은 마치 장군죽비처럼 저를 일깨울 것입니다.

"흔들리지 말자, 새 날이 올 때까지."

이 책 속의 선배님들이 저에게 보내는 그 무언의 호령이야말로, 제 정치 인생의 가장 강력한 나침반입니다.

민주주의는 완성된 유산이 아닙니다. 그것은 매 순간 보수하고 지켜야 하는 '진행형 과제'입니다. 부당함에 침묵하지 않는 용기, 동지의 손을 놓지 않는 연대, 그리고 새날이 올 때까지 흔들리지 않는 인내. 1970년대 선배들이 남겨주신 이 정신은, 시대가 달라져도 결코 변하지 않는 우리의 자산입니다.

저는 경희대 학생운동의 후배로서, 그리고 대한민국 국회의원으로서 이 책을 모든 이들에게 권합니다.

우리 모두, 앞서서 나간 이들의 걸음을 따라, 산 자로서 끝까지 함께 걸어갑시다.

−박홍근

(전 경희대학교 총학생회장(1992), 국회의원(더불어민주당 전 원내대표)

제1부

고황에 조직운동의
싹이 트기 시작하다

구사일생으로

학원에

돌아온

사나이

1970년대 후반기의 캠퍼스는 지금은 물론 1980년대나 그 이전 1970년대 전반기와도 분위기가 많이 달랐다. 하지만 막상 그때 대학을 다니던 사람은 대부분 그것이 무엇인지 잘 느끼지 못했다. 뭔가 답답하고 우울한 느낌이 드는데, 그 실체를 깨닫지 못하는 경우가 많았던 것이다. 당시 유행하던 노래들도 우울했다. 학생들은 부근 술집에서 울분을 토로했다. 그것조차 싫었던 정권은 우울한 노래, 반항적인 노래들을 무더기로 금지곡으로 만들었다.

　이 시기에 바바리코트를 입고 경희대학교 캠퍼스를 쏘다니는 사람이 있었다. 누가 보아도 복학생으로 보였다. 공부에는 관심이 없는 듯 이 사람 저 사람을 만나러 다녔다. 그의 이름은 이상희. 국문학과 72학번이었다. 1974년 민청학련 사건 때 구속되었다가 기소유예가 되었고, 군대에 끌려갔다가 제대하고 복학한 것이었다. 당시 경희대는 2차였는데, 그는 원하지 않는 상태에서 2지망인 국문과에 합격했다. 학교에 흥미가 없을 법도 했다.

그는 설사 1지망에 합격했다고 하더라도 공부에 관심이 없었을 것이다. 그는 타고난 운동가였다. 운동을 하면서 그렇게 자신의 체질에 맞고 자신이 잘할 수 있는 일이 있다는 것을 느낀 적이 없었다. 운동 이외에는 관심이 없었다. 학교 밖의 기독청년협의회(EYC) 활동에 대부분의 시간을 보낸 그는, 오로지 경희대학교에서 어떻게 학생운동을 일으킬 것인지에만 관심이 있었다.

대학에 들어온 처음부터 그랬던 것은 아니었다. 그는 노는 것을 좋아했고, 심각한 것을 즐기지 않는 성격이었다. 그런 그에게도 당시 시대상황은 비껴가지 않았다. 고등학교 동기이면서 이종육촌인 황인성과 함께 자취 생활을 하면서였다. 서울대학교 독어독문학과에 다니던 황인성은 기독학생회 활동을 하면서 한국 사회 현실에 대한 고민을 이상희에게 말했다.

서울대 문리대는 당시 학생운동의 중심지라고 해도 과언이 아니었다. 황인성이 시대의 아픔을 깊이 느낀 것은 당연했다. 그가 2학년 때 10월 유신이 단행되었고, 학교 여기저기서 분노의 목소리가 터져 나왔다. 그때의 괴로움을 황인성은 이상희에게 여과 없이 털어놓았다. 이상희는 처음에는 그가 왜 그런 고민을 하는지 의아했다. 그러다 어느새 같은 생각을 하고 있는 자신을 발견했다. 그것은 두려움이면서 신선함이었다.

이상희는 시대 상황에 대한 울분도 있었지만 학생운동을 조직하는 일이 재미있을 것 같다는 생각이 들었다. 그는 경희대에도 그런 조직이 있는지 황인성에게 물었고, 있다면 소개해 달라고 했다. 그렇게 비합법 비공개조직, 이른바 언더조직을 소개받았다. 당시 경희대에는 공개조직인 사회과학 조직도 있었지만 황인성은 언더조직 활동이 낫다고 봤던 것이다.

이상희가 2학년이고 황인성이 3학년이던 1973년 10월 2일, 서울대 문리대에서 시위가 벌어졌다. 정말 겨울공화국처럼 얼어붙었던 곳에서 일어난 데모였다. 언론은 전혀 다루지 않았고 일반 사람들은 거의 몰랐지만, 유신 정권에는 커다란 충격이었다. 시위는 학생운동권 내부의 우려와 달리 수백 명이 가세한 대규모였다. 이어서 경북대, 이화여대 등에서도 시위가 이어졌다.

이 시위로 황인성이 수배되었고 그 불똥이 이상희에게 튀었다. 그는 무시무시한 중앙정보부 남산 지하실로 끌려가 황인성의 소재를 캐묻는 취조를 당했다. 난생처음 그런 곳에 들어와 고문을 당하면서도 이상희는 이를 악물었다. 황인성이 어디 있는지도 몰랐지만, 안다고 해도 말하고 싶지 않았다. 고통은 황인성이 붙잡히면서 며칠 만에 끝났다.

1973년 서울대 시위는 이듬해 봄 '민청학련 사건'으로 연결되었다. 황인성은 이상희에게 서울지역 조직담당자 김병곤(서울대 경제학과 71학번)을 소개해 주었다. 이상희는 비합법조직 선배와 동료들에게 함께할 것을 권유했지만 모두 발을 뺐다. 이어서 학교 내 여러 단체의 사람들을 설득했으나 여의치 않았다.

그런 과정에서 이상희는 검거되었지만 다행히 기소유예 처분을 받았다. 그리고 군대에 갔고, 1978년 늦은 나이에 복학했다. 민청학련 사건 관련자가 복학을 하는 건 정말 '구사일생'과 같은 일이었다. 이러한 우연은 이후 경희대 학생운동의 전개에 중요한 계기가 되었다. 때로는 우연이 역사에서 커다란 역할을 한다는 것을 부정할 수 없다.

이상희는 경희대 내에 운동조직이 있는지 찾았다. 공개 활동을 하는 단체가 있었으나 그가 찾는 조직은 아니었다. 그래서 경희대 내에 비합법 운동조직을 만들기로 결심했다. 그러던 중 활동이 불허되었던 흥사단아카데미가 '기러기'라는 이름으로 서클 등록을 했다. 이상희는 이들과 접촉하며 준비를 시작했다.

이상희가 구상한 비합법 비공개조직은 학년별 조직이었다. 서울대 언더서클 연합조직을 어느 정도 벤치마킹한 셈이었다. 그러나 서울대와 달리 경희대는 이념 서클들이 활성화되어 있지 않았고, 1975년 이후 시위가 사라진 상황에서 조직이 제대로 작동할지 알 수 없었다. 그는 직접 시위를 조직하기로 했다.

1978년은 유신체제가 긴급조치 9호로 안정되면서도 느슨해지던 시기였다. 이에 따라 저항도 거세졌다. 특히 서울대 시위가 신림동을 거쳐 광화문까지 진출한 것은 놀라운 일이었다. 이 시위의 영향으로 각 대학은 술렁였다. 경희대도 예외가 아니었다.

이상희는 기러기에서 시위 의지가 있는 사람을 찾기 시작했다. 가장 먼저 눈에 띈 사람이 기러기 회장 하석태(영문 76)였다. 그는 대학주보사 신명식(사학 76), 백단 신용남(사학 77) 등을 묶어 시위팀을 만들었다. 그해 가을 3년 만에 경희대 교정에서 시위가 벌어졌다. 학생들의 호응은 크지 않았지만 침묵의 캠퍼스를 뒤흔들기에는 충분했다.

이 시위가 있은 뒤 이상희는 그간 눈여겨보았던 사람들을 조직해서 3학년(76학번) 팀, 2학년(77학번) 팀, 1학년(78학번) 팀을 만들었다. 그리고 2학년 팀에게 학내 문제만 다룬 유인물을 제작·살포하게 했다. 작업은 성공했지만 여기에 부담을 느낀 구성원들이 조직에서 이탈했다. 3학년 팀도 한 명을 제외하고 모두 이탈했다. 그는 남은 사람들을 모아 겨울방학 동안 집단 합숙을 했다.

이때 합숙을 함께했던 이들이 이후 유신 말기 경희대 학생운동에서 조직운동의 맹아가 되었다. 이들은 단순히 합숙을 하면서 공부한 것뿐 아니라, 면목동에 있던 YH노동조합 야학 활동을 통해 자신을 의식화하고 단련하며 시야를 넓혔다. YH노조는 당시 민주노조 중 하나였다. 정확히 말하자면 조합원 전체가 아니라 조합원 가운데 동일교회에서 아가페 선교회를 했던 사람들을 대상으로 한 야학이었다.

1979년이 되자 이상희와 후배들은 다시 활동을 시작했다. 활동이 불허된 흥사단아카데미, 새로 조직된 서양사상연구회(사회과학연구회) 등을 중심으로 신입생을 모집하며 조직을 확대하고, 하석태 등의 재판 방청과 서울 근교 MT 등을 통해 결의를 다졌다.

당시 재판 방청은 각 학년 팀에게 매우 충격적이었다. 데모를 하면 인생을 망치고 잘못하면 불구가 된다는 이야기가 떠돌던 시절이었다. 그런데 한복을 입고 법정에 선 하석태 등은 보무도 당당했고, 심지어 판사와 검사를 꾸짖기도 했다. 이들은 강렬한 옥중투쟁으로 추가기소가 되기까지 했다.

재판은 정말 흥미진진했다. 인권변호사가 변론을 맡았는데, 그는 죄가 없음을 주장하거나 선처를 호소하는 대신 피고인들에게 말할 기회를 주고 그 말을 해석해주는 방식으로 변론했다. 이런 변론은 방청객을 감동시키기에 충분했다.

MT에서는 밤이 되면 촛불의식을 했다. '굼바야 마이 로드'라는 가스펠 송에 '하석태(또는 신명식, 신용남) 위에 오소서'라고 개사해 불렀다. 겨울 MT에는 76, 77, 78학번이, 봄에는 새로 입학한 79학번이 참가하면서 참가자 수가 늘었다. 촛불 의식은 큰 충격을 주었다. 그리고 '다음에는 내가 가겠다'라는 말이 나오기 시작했다. 경희대 학생운동의 시위 주동자들은 이렇게 모습을 갖추어 갔다.

1979년 봄에는 시위가 없었다. 다른 대학도 마찬가지였다.

부글부글 끓는 분위기가 누구의 눈에나 보였지만 시위는 조직되지 않았다. 경희대는 조직 담당자가 시위까지 주동해야 하는 상황이었다. 그들이 조직에서 손을 놓고 시위에 나서는 건 고민스러운 일이었다.

그러던 차에 이상희가 학외 문제로 제적을 당했다. 그해 여름, 위장폐업에 항의하며 신민당사에서 농성하던 YH노동조합원 강제해산에 항의하는 성명을 기독청년협의회(EYC) 부회장 자격으로 발표한 것이 문제가 되었던 것이다. 이후 그는 함께하던 기독교운동 사람들과 YMCA 진출을 모색하며 울산으로 내려갔다. 그런데 누구도 예상하지 못한 큰 사건이 일어났다. 1979년 10월 26일, 박정희가 피살된 것이다.

1980년에 복학한 이상희는 학원민주화 정착을 목표로 그동안 조직된 후배들과 함께 작업을 시작했다. 먼저 학생회 부활에 초점을 맞춰 학원민주화추진위(학민추)를 만들고 공청회를 열었다. 학민추 등은 학생회장으로 하석태(영문 76)를 내정했다. 그런데 뜻하지 않게 4월 1일 법대를 중심으로 조영식 총장 사퇴 촉구 시위가 벌어졌다.

시위가 장기화하면서 학원민주화 일정에 차질이 생겼다. 결국 총학생회 선거는 이루어지지 못한 채 각 단과대에서 학생회장을 선출했다. 이상희는 이 시위에도 깊이 관여했지만, 5월부터는 교생실습을 위해 부산으로 내려갔다. 교생실습 도중 5.17 비상계엄 확대와 함께 휴교령이 내려졌다. 사실상 군부가 다시 권력을 장악한 제2의 쿠데타였다.

서울로 돌아온 이상희는 총장사퇴 투쟁에 참여했던 이들이 뿔뿔이 흩어지고, 이전 비합법 조직 구성원들은 감옥에 가거나 수배되었으며, 광주학살 규탄과 진상규명 요구 유인물을 시내에 배포하다 발각된 사람도 있다는 사실을 알게 되었다. 흩어진 조직을 수습해야 했다. 후배들을 하나둘 만나기 시작했다.

여름이 지나며 정국은 총칼로 안정을 찾아갔다. 그리고 전두환이 유신헌법에 의한 통일주체국민회의 체육관 선거로 대통령이 되었다. 이상희는 가장 먼저 개강하는 경희대에서 시위를 조직하기로 했다. 그것이 바로 전두환 대통령 취임 후 처음으로 벌어진 9월 9일 시위였다. 하지만 이 시위는 그가 경희대에서 개입한 마지막 시위가 되었다.

졸업하고 울산에 내려간 그는 YMCA 활동을 하면서 지역 노동조합운동과 학생운동에도 많은 조언과 조직적 도움을 주었다. 이후 경실련으로 소속을 바꾸고 강릉, 경주, 울산 등 동해안 라인의 경실련 활동가들과 함께 논의와 행동을 모색했다. 울산 지역 시민운동 연대체에서도 주요한 임무를 맡아 활동했다.

이제 70세를 넘긴 이상희는 모든 사업에서 은퇴하고 울산 외곽에 전원주택을 지어 텃밭을 가꾸며 소일하고 있다. 여전히 시대에 대한 날카로운 문제의식을 가지고 지역 사람들과 학연 후배들에게 많은 조언을 하고 있다.

역사에서 가정은 의미가 없고 개인사 역시 그렇지만, 만약 이상희가 민청학련 사건에서 구사일생으로 학원에 돌아올 수 없었다면 경희대 학생운동은 이후 어떻게 전개되었을까?

초토화된 황무지에도 싹이 트고 있었다

주세요(지리 75)

1975년 봄은 뜨겁게 시작됐다. 바로 전해인 1974년의 민청학련 여파가 지속됐다고 볼 수 있다. 민청학련 사건은 학생 시위를 사형, 무기 등 어마어마한 형량으로 탄압한 엽기적인 사건이었다. 그에 대한 항의가 반유신운동으로 확산되면서 천주교정의구현전국사제단, NCC인권위원회, 자유실천문인협의회 등이 결성되었고, 조선일보와 동아일보 기자들이 '자유언론실천선언'을 하기에 이르렀다.

이러한 국내외의 저항은 박정희 유신정권을 굴복시켰다. 해가 바뀌면서 어마어마한 형량이 무색하게도 민청학련 관련자들 대부분을 석방하는 조치를 취한 것이다. 하지만 유신헌법을 포기한 것도, 긴급조치를 해제한 것도 아니었다. 박정희 정권은 민청학련 사건의 배후조종이라는 혐의를 씌워 이른바 인혁당재건위 사건을 조작하였는데, 그들 중 8명에게 사형을 선고하고 대법원 선고 다음 날 바로 처형하는 천인공노할 짓을 저질렀다.

이에 항의하는 학생들의 시위가 전국 곳곳에서 일어났다. 경희대도 마찬가지였다. 경희대 역사상 최초로 직선제 총학생회장을 선출했는데, 총학생회는 곧바로 반유신집회를 열었다. 이 집회는 2,000여 명의 학생이 참여하는 대규모 시위가 됐다. 신입생들은 그해 봄을 총학생회장 선거와 시위로 보내게 됐다. 주세영(지리 75)도 그해 대학에 입학하여 봄철을 그렇게 보낸 사람이었다.

주세영은 고등학교 시절부터 흥사단아카데미 활동을 했다. 형의 영향을 받아서 사회과학 서적을 많이 읽었고, 사회현실에 대해 관심이 많았다. 또한 격정적인 성격도 있어서, 당시의 현실을 외면하기 어려웠다. 대학을 조금 늦게 들어가는 바람에 동기들보다 두 살이 많았다. 그래서 1학년이지만 집회와 시위에서 현장 주동 같은 역할을 했다. 동기들도 선배처럼 따랐다. 하지만 그 뜨겁던 1975년 봄의 열기는 오래 가지 못했다.

박정희 유신정권은 1974년 1월에 처음 발표한 긴급조치의 공포와 해제를 거듭하다 1975년 5월 13일에 그것들을 종합하여 긴급조치 9호를 발동했다. 긴급조치 9호는 '긴급조치의 일상화'라고 부를 수 있었다. 1호나 4호 등에 비하면 형량은 현저하게 줄었지만, 유신헌법에 대해 비판적인 견해를 말하기만 해도 영장 없이 체포 구금 압수수색을 할 수 있는 악법 중 악법이었다. 아울러 일반 법률처럼 세세하게 적용될 수 있는 것이었다. 긴급조치 9호는 박정희가 사망할 때까지 지속적으로 국민들을 옥죄는 도구로 작용했다.

긴급조치 9호가 발표된 직후인 5월 22일, 서울대에서 대규모 시위가 벌어졌다. 이른바 '오둘둘'이라 불린 데모였다. 연행된 사람만 100명 가까이 됐다고 하고, 그중 구속된 사람이 56명이었다. 입에서 입으로 전해진 이 시위는 주세영에게도 커다란 충격이 됐다.

그해 가을 학기 막바지에 경희대와 서울대가 연합시위를 기도했다 실패했다. 이로써 학내에 남아 있던 학생운동권 선배는 다 사라졌다고 주세영은 생각했다. 하지만 그는 겨우 1학년. '긴급조치 9호가 옥죄고 있는 살벌한 캠퍼스에서 어떻게 학생운동의 싹을 틔울 수 있을까?'

주세영은 생각지도 못했던 중차대한 임무가 자신에게 떨어졌다는 걸 생각하자 모골이 송연해지기까지 했다.

당시 기대할 수 있는 것은 흥사단아카데미였다. 그런데 이 서클은 학교에서 인정받지 못해 공개적인 활동이 불가능했다. 주세영은 소규모라도 비공개 서클을 유지하면서 훗날을 도모해야겠다고 생각했다. 군에 갔다 온 복학생 선배와 동기가 있었고, 이듬해에는 후배도 들어왔다. 흥사단아카데미는 고등학교 조직이 있기 때문에 신입생을 모으는 일이 불가능하지는 않았다. 그리고 탄압이 아무리 거세도 민주주의에 대한 열망을 가진 학생은 항상 존재했다.

2학년, 3학년을 보내면서 비공개 서클이 조금씩 늘어났다. 겨울방학 때는 합숙을 하면서 공부도 알차게 했다. 흥사단아카데미 이외에도 대학주보사, 공개 사회과학 서클이었던 백단 등의 학우들과 조심스럽게 교류도 했다. 다른 대학 흥사단아카데미 사람들을 통해 정보도 얻고, 격려하는 모임도 가질 수 있었다. 그리고 4학년이 되던 1978년에는 흥사단아카데미를 '기러기'라는 이름으로 등록했다.

서클이 등록되고 공개활동이 가능해지자 나름 사회의식을 가졌다고 하는 학우들이 많이 모였다. 1년 후배인 하석태(영문

76)가 회장이 되어 이끌던 이 서클에는 오인택(법학 77), 윤종천(토목 78) 등의 회원만이 아니라, 백단에서 활동하던 신용남(사학 77), 경희문학회 정해랑(국문 77) 등도 찾아왔다. E.H 카의 '역사란 무엇인가' 등을 교재로 삼아 이른바 '세미나'를 꾸준히 열었다. '기러기'는 당시 경희대에서 사회에 대해 고민하는 학생들이 가장 많이 모인 곳이었다고 할 수 있다.

허허실실이라고 했던가. 반정부 행동을 일절 용인하지 않는 시대 상황 속에서 학교 회의실을 빌려 이런 세미나를 하고, 불온한(?) 사람들이 이후를 기약할 수 있는 관계를 맺어갔다는 것은 어찌 보면 아이러니라고 할 수 있다. 그런데 그런 조짐을 당시 정보기관이나 학생처에서는 전혀 눈치채지 못했던 것 같다. 철옹성 같던 자신들의 탄압 시스템에 안주한 데서 빚어진 결과라고나 할까?

그해 가을에 충격적인 일이 벌어지면서 이 서클은 등록이 취소되고 더 이상의 세미나는 불가능하게 됐다. 회장이었던 하석태가 주동이 되어 대학주보사의 신명식(사학 76), 신용남(사학 77) 등과 함께 시위를 한 것이었다. 보안을 철통같이 유지해야 했기 때문에 이 시위는 이들과 매우 긴밀한 관계였던 주세영도 사전에 알지 못했다. 주세영으로서는 쾌재를 부르면서도 후배들이 걱정되었고, 자신의 진로에 대한 고민도 하지 않을 수 없었다.

주세영은 대학원에 진학해 학교에 남아야겠다고 결심했다. 개인적인 지향도 있었겠지만 학생운동의 측면에서 학교에 남아 해야 할 몫이 있다고 판단했기 때문이다. 근거지로 여겼던 서클 기러기는 등록이 취소되었고, 정보기관과 학생처가 바짝 긴장해서 호시탐탐 감시의 눈초리를 굴리는 것이 느껴졌다. 이제 막 자라나는 싹이라고 여겨지는 경희대 학생운동에 조금이나마 힘을 보태야겠다고 생각했다.

1979년이 됐다. 시절은 하 수상한 듯한데 시위는 없었다. 1학기에는 다른 학교도 시위가 거의 없었다. 그러나 시절은 매우 흉흉했다. 1978년에 치러진 선거에서 야당인 신민당이 사실상 승리하면서 민심 이반이 확연히 느껴졌다. 유신정권은 이해 초부터 크리스찬아카데미사건, 간첩단사건 등을 조작하면서 탄압에 혈안이 됐다. 그러던 중에 정국을 강타하는 사건이 일어났다. 바로 YH노동조합의 신민당사 점거 농성이었다.

2학기가 되면서 교정은 한결 우울하게 느껴졌다. 어느 날 유인물이 교내에 살포됐다. 아침에 기습적으로 화장실 등에 뿌려진 것이라서 많은 학생이 보지는 못했지만 소문이 무성했다.

주세영은 청량리경찰서 정보과에 연행되어 조사를 받았다. 전혀 알지 못하는 일이므로 모른다고 했다. 자기들도 추적하는 방향이 있었는지 더 이상 심하게 추궁하지는 않았다. 그리고 나오자마자 유인물 배포자가 검거됐다는 소식을 들었다.

유인물 배포자는 흥사단아카데미에서 함께 활동하던 2학년 후배 윤종천, 평소에 가끔 만나 시국에 대한 이야기를 나누던 경희문학회장 정해랑이었다. 이 두 사람이 YH노동조합에서 하는 야학에서 강학을 했고, 당시 의문사를 당한 김경숙 열사와 친했다는 이야기도 전해 들었다. 주세영으로서는 1978년에 이어 두 번째로 후배들을 감옥에 보내게 된 셈이었다. 미안한 마음도 들었고, 자신이 무엇을 해야 하는지 좀더 깊이 생각해야 한다는 각오도 생겼다.

세상의 변화는 일반적으로 인식하고 있던 수준을 훨씬 뛰어넘는 속도로 진행됐다. 영원할 것 같았던 박정희 정권의 종말이 정말 도둑처럼 찾아왔다. 유신정권의 자중지란이 불러온 '10.26사태'는 충분히 예견할 수 있는 일이었지만, 일제의 패망이 그랬듯 대다수의 사람은 미처 생각하지 못한 일이었다. 학생운동을 비롯한 민주화운동은 일단 관망하는 자세를 취하였으나, 수괴만 사라진 상태에서 군사독재와 일전은 불가피한 일이었다.

전두환을 중심으로 하는 신군부는 12.12쿠데타로 권력을 찬탈하고 온전한 쿠데타로 정권을 장악하기 위한 작업을 진행해나갔다. 학생운동은 학교마다 민주화운동추진위원회를 만들어서 학원민주화를 추진하는 한편 총학생회를 부활하려는 움직임을 만들어 나갔다. 주세영은 대학원생이었기 때문에 이런 활동에 직접 나설 수는 없었다. 하지만 여전히 관련을 맺고 있던 후배들을 통해 간접적인 영향을 주기도 했다.

전두환의 5.17쿠데타와 광주학살로 일대 결전은 일단 신군부의 승리로 끝났다. 많은 학생이 제적되었는데, 경희대에서는 대학원생으로서는 유일하게 주세영이 제적됐다. 이후 주세영은 군대에 갔고, 제대한 뒤에는 서울에 있는 사립고등학교 교사로 재직했다. 대학원생 시절에도 자기 공부를 하면서 야간고등학교에 근무한 경험이 있어서 교직 생활이 처음은 아니었다.

1984년이 되면서 전두환 정권은 개량화 조치의 일환으로 대학에서 제적된 학생들을 복학시키겠다고 발표했다. 1980년 정권을 잡았을 당시의 내부 분란에 비하면 어느 정도 정권의 안정을 찾았기 때문에 유화정책을 쓰는 것이라는 평가도 있었고,

반대로 지속적인 학원 시위에 밀릴 대로 밀린 정권이 후퇴하는 정책이라는 평가도 있었다. 그런 가운데 제적생들은 순순히 복학할 태세는 아니었다.

복학 대상자들의 총회가 미아리에 있는 한빛교회에서 열렸다. 주세영은 후배들과 함께 총회에 참석했다. 여러 가지 의견을 나누는 가운데 경희대 후배들은 복학해서는 안 된다는 쪽이 많았다. 총회에서 뚜렷한 결정을 내리지 못하는 가운데 주세영은 생활도 문제가 되고 이후 진로에 특별한 장점이 될 것 같지도 않아서 복학하지 말아야겠다고 생각했다. 후배들과 보조를 맞추는 것이 도리라는 생각도 겸해서였다.

3월 1일이었던 것 같다. 다음 날이 개강이었다. 주세영은 총회가 열린 교회에서 가까운 곳에 살았다. 술을 늦게까지 마신 뒤 윤종천과 정해랑을 집으로 데리고 갔다. 거기서 한 잔 더 하다가 당시 유행하던 노래를 배웠다. '5월의 노래2'라고 불리던 노래였다. '꽃잎처럼 금남로에…'로 시작되는 노래였다. 노래가 너무 좋아서 신나게 배우던 주세영은 카세트레코더까지 가지고 와서 노래를 녹음했다.

거기서 사달이 났다. 그걸 학교에 가지고 가서 틀어주고 학생들에게 들려준 것이었다. 누군가 학교에 알렸고, 조사를 받게 됐다. 그 과정에서 어떤 학생이 학교 측에 '선생님이 월남은 망한 것이 아니라 통일된 것이다'라고 가르쳤다고 했다. 지금 생각하면 상식으로 받아들여질 수 있는 말이지만 군사독재의 서슬이 퍼렇던 당시에는 문제의 소지가 보통 큰 발언이 아니었다.

주세영은 경찰에 가서 조사를 받은 뒤 학교에서 해직됐다. 전교조가 탄생하기 5년 전 일이었다. 졸지에 해직교사가 된 주세영은 어려운 나날을 보냈다. 다행히 민주화 이후 복직이 됐지만 본래 다니던 사립학교에서 복직을 거부해 공립고등학교로 발령이 났다. 이후 퇴직할 때까지 흥사단아카데미 활동을 하면서 보냈다. 최근에는 동방문화원이란 곳을 통해 여러 가지 강연을 초치하는 등 사회활동을 하고 있다.

겨울이 아무리 매서워도 동토 아래 싹은 트게 마련이다. 인간 사회도 마찬가지다. 엄혹한 시절에도 누군가는 그 싹을 틔우기 위한 노력을 한다. 경희대 학생운동사에서 주세영은 그런 역할을 한 사람이다. 인위적으로 초토화된 황무지, 그 동토에 싹을 틔운 사람들. 그들이 있었기에 이후 경희대 학생운동의 도도한 흐름이 있었다고 보아야 하리라. 그중 한 사람으로 우리는 주세영을 기억해야 한다.

비공개

학생운동조직

건설의 첨병이 되다

어린녹기(력사편 77)

유신 정권 말기에는 긴급조치 때문에 서로가 서로를 불신하며 살아야 했다. 낮말은 '짭새'가 듣고, 밤말은 남산 기관원이 듣는다고 할 정도였다. 여기서 남산은 중앙정보부를 일컫는 말이었다. 긴급조치 9호가 발동된 1975년 5월부터 1979년 12월 해제까지 4년 7개월가량의 기간 동안 구속된 사람이 1,000명이 넘었다. 그런데 현재 인권단체 등에서 파악하고 있는 사람은 전체의 절반도 안 되는 400여 명이다.

파악되지 않는 사람은 이른바 '막걸리 긴급조치'에 걸린 사람들로 보인다. 즉 유신헌법이나 긴급조치를 '말'로 비판했다는 이유로 잡혀간 사람들이다. 막걸리 한 잔 마시고 '박정희가 독재를 한다'라고 했다가 잡혀가서 몇 년씩 징역을 살기도 했다. 지금 생각하면 어떻게 그런 일이 있을 수 있는가 싶겠지만, 실제로 그렇게 살았다. 요즘 말하는 '입틀막'이 사회 전체에 제도적으로 갖추어진 야만적이고 살벌한 시대였다. 대학가도 예외는 아니었다. 아니, 대학가는 더욱 심했다.

이런 조건에서 유신 정권에 반대하는 사람들이 모이기는 정말 어려운 일이었다. 언제 누가 밀고할지 알 수 없었다. 캠퍼스 내에 있는 사람들 중 누가 경찰이고 누가 기관원인지 모르는 상태였다. 경찰이나 기관원이 아니더라도 프락치 노릇을 하는 사람도 있을 수 있었고, 프락치는 아니어도 고문이 일상적으로 자행되는 상태에서 자기의 의지와 무관하게 정보기관에 협조할 수도 있는 일이었다. 학내 비공개조직을 만드는 일은 무척 조심스러울 수밖에 없었다.

1978년 흥사단아카데미가 기러기라는 이름으로 등록되면서 시대에 대해 고민하는 많은 학생이 모였다. 이들이야말로 비공개조직 대상이 될 수 있는 사람들이었다. 민청학련 사건으로 구속되어 강제징집으로 군에 갔다가 복학한 이상희도 이 모임의 공개 세미나에 참석했다. 그의 목표는 학년별 비공개조직의 구성원이 될 사람을 찾는 것이었다.

하지만 이상희는 당시 학생들에 대한 정보가 부족했다. 군대를 갔다 왔다고는 하지만 정보기관에서 그에 대한 감시망을 늦추었을 거라는 보장이 없었다. 이런 상태에서 아무나 만나 학생운동에 대해 이야기하는 것은 위험하기 짝이 없는 일이었다. 정보를 제공하고, 그에 앞서 사람을 만나 의사를 타진해 줄 사람이 필요했다. 말하자면 비공개조직 건설의 첨병이 될 사람이었다.

이 역할에 딱 맞는 사람이 있었다. 오인택(법학 77)이었다. 그는 전라북도 위도 출신으로 광주에서 고등학교를 나왔다. 고등학교 시절부터 흥사단아카데미 활동을 했다. 학교 공부보다 사회과학 서적 읽는 것을 더 좋아했다. 대학에 들어와서도 미등록 상태인 흥사단아카데미 비공개조직에 들어갔다. 겨울방학에 합숙 세미나를 하기도 했다. 1978년, 2학년이 된 그는 다른 서클의 동기나 선후배들과 어울려서 시대에 대한 고민을 서로 나누기도 했다.

오인택과 이상희가 만나 조합을 이룬 건 유신 말기 경희대 학생운동에 있어 우연치고는 상당히 의미가 있는 일이었다. 두 사람은 성격이나 외모에서 여러 가지로 차이가 났다. 이상희가 날카로운 인상에 추진력이 강한 조직가 스타일이었다면, 오인택은 실제보다 나이가 많이 들어 보이면서 강인한 인상을 주었고 느긋하게 일을 처리하는 성품이었다. 두 사람은 이런 차이에도 불구하고 일을 은밀하면서도 추진력 있게 밀고 나갈 수 있다는 점에서 비슷했다.

이상희는 오인택을 만나 이청준의 '조율사'를 많이 이야기했다. "맨날 조율만 하고 앉아 있으면 무엇이 달라지나? 데모를 세 번만 하면 학교가 확 바뀔 것이다"라는 이상희의 말에 오인택은 이전에 만났던 선배들과는 다른 느낌을 받았다. 그리고 그것이 꽉 막힌 듯한 경희대 학생운동을 일으킬 수 있는 길이라고 생각했다. 정세는 뒤숭숭하게 전개되고 있었지만 흥사단 아카데미가 기러기로 등록되어 공개 합법화된 것은 활동의 공간이 열리는 것을 뜻했다.

오인택은 이상희와 긴밀하게 논의하면서 주변 사람들과 접촉해 나갔다. 첫 번째 접촉 대상은 학내 시위를 주동할 사람들이었다. 언제 어디서 문제가 생길지 알 수 없었기 때문에 조심스럽게 타진해야 했다. 여기서 오인택이 첨병의 역할을 한 것이다. 만약에 일이 생기면 잡혀간다는 각오도 해야 했다. 오인택이 만나 본 뒤 이야기를 더 진전시킬 필요가 있으면 이상희와 함께 만났다.

시위를 주동할 사람은 셋으로 좁혀졌다. 하석태(영문 76), 신명식(사학 76), 신용남(사학 77)이었다. 그 외에도 여러 사람을 접촉했지만 시위 이야기가 나오자 갑자기 태도가 돌변하곤 했다. 납득이 잘 안 가는 이유로 못 하겠다는 사람도 있었고, 교외에서 큰일을 하기 때문에 학내 시위로 찍히면 안 된다고 말하는 사람도 있었다. 직접 할 수는 없지만 현장에서 도움을 줄 수 있으면 돕겠다고 솔직하게 말하는 사람도 있었다.

시위가 일어난 뒤 역시 캠퍼스는 뒤숭숭했다. 술자리에서 시국을 성토하거나 이번 시위에 대한 생각을 이야기하는 사람이 늘었다. 김민기의 '친구'를 부르면서 우는 사람도 있었다. 오인택은 세 사람이 관계했던 흥사단아카데미, 대학주보사, 백단 등의 사람들을 면밀히 관찰해서 접촉을 이어나갔다. 세 사람과 친분이 있으면서 사회의식이 꽤 있다고 판단되는 사람도 파악해서 만났다.

이렇듯 조심스럽게 사람을 골라서 1학년 팀, 2학년 팀, 3학년 팀을 조직했다. 3학년 팀은 불완전했지만 이듬해 봄에 시위를 하는 것으로 잠정 결정했다. 투쟁을 통해서만이 조직이 강화되고 조직원이 단련될 수 있다는 것이 이상희의 지론이었다. 오인택도 적극 동의했다. 그리고 2학년 팀을 투쟁으로 단련시킬 계기를 찾자고 합의했다. 그리하여 비밀리에 유인물을 살포한다는 계획을 세웠다.

당시 2학년 팀은 오인택을 포함해서 모두 다섯 명이었다. 이들은 교내에 유인물을 살포하되, 정부를 직접 비판하는 것보다는 학교 재단의 비리를 공격하는 내용으로 하기로 했다. 오인택을 제외한 네 사람이 아직 이런 경험이 없는 상태에서 부담을 느낄 것 같아서였다. 일단 유인물을 뿌리는 것에는 동의가 됐다. 당시에는 유인물을 만드는 것부터 수고가 많이 들었다. 함께 만나서 등사기를 밀어 유인물을 만들어야 했다.

오인택 친구의 자취방을 빌려서 밤늦게까지 유인물을 만들었다. 등사기는 당시 사용하던 휴대용 인쇄기다. 등사 원지를 줄판 위에 놓고 필요한 글이나 그림을 철필로 긁거나 그린 다음 이것을 틀에 끼워 그 위를 등사 잉크를 바른 롤러로 밀어서 인쇄물을 찍어냈다. 다음 날 아침 일찍 학교에 가서 화장실, 강의실 등에 유인물을 놓고 왔다. 성공이었다. 현장에서 아무도 발각되지 않았다. 학교 당국은 발칵 뒤집혔지만 바로 유인물을 수거했기 때문에 학생들 손에 들어간 것은 거의 없었을 것이다. 경찰은 크게 신경 쓰지 않는 듯했다. 유인물 배포자를 찾으려고 의심되는 사람을 연행하거나 하는 일은 눈에 띄지 않았다.

그런데 문제는 내부에서 나왔다. 당시 유인물을 살포한다는 것은 굉장한 부담이 될 수 있었다. 다섯 명 중 한 명이 유인물을 사실상 뿌리지 않은 것으로 드러났다. 그는 다음 모임에 나타나지 않았다. 나머지 세 명도 심하게 동요했다. 이 상태로 비공개조직을 유지할 수 있을지 의문이 들었다. 그중 두 명은 결국 못하겠다는 의사를 표시했다. 이제 이 팀을 어떻게 꾸려나갈지 걱정이 됐다.

3학년 팀도 한 명을 제외하고는 슬슬 태도를 바꾸었다. 1학년 팀도 세 명만 남았다. 이상희와 오인택은 이들을 모두 한 팀으로 묶고, 겨울방학 동안 합숙을 하기로 결정했다. 이상희를 제외하면 3학년 한 명, 2학년 두 명, 1학년 세 명이었다. 그런데 1학년 한 명이 시골집으로 내려가는 바람에 결국 남은 다섯명이 합숙을 했다. 합숙은 사회과학 공부를 하면서 결의를 다지는 시간이었다.

합숙을 하면서 면목동의 동일교회에서 YH섬유 노동조합원을 대상으로 야학을 했다. 오인택은 사회를 가르쳤다. YH야학은 검정고시 공부를 하는 야학이 아니라 생활에서 필요한 공부를 하고 의식을 높이는 노동야학이었다. 시험공부를 위한 사회과목이 아니라 그야말로 우리가 사는 사회란 어떤 것이고, 우리는 그 속에서 어떻게 살아가는지를 가르치는 것이었다.

해가 바뀌고 1979년 새 학기가 됐다. 기러기라는 서클이 불법화되면서 흥사단아카데미는 비공개적으로 신입생을 모집했다. 1979년은 그 전해에 비해 서클을 찾는 사람들이 많았다. 유신 말기를 반영하는 듯했다. 열 명 가까운 신입생이 들어왔다. 늘 그렇듯 흥사단아카데미는 고등학교 때부터 아카데미 활동을 했던 사람들이 소개를 통해서 찾아왔다. 오인택은 비공개 조직이 된 흥사단아카데미의 회장으로 서클을 이끌었다.

3월까지는 야학을 하느라 바쁘게 보내고, 4월에는 학내 활동에 집중하기 위해 야학을 다른 학교 팀에 넘기고 그만두었다. 이때부터 다른 서클들과 교류하면서 활동을 확장해 나갔다. 그중 하나로, 새로 생긴 서양사상연구회와 함께 합동 MT를 떠났다. 구속된 하석태, 신명식, 신용남을 부르는 촛불의식도 했다. 이 과정을 거치면서 다음 시위를 생각할 정도로 각오가 생겨났다.

1학기가 지날 때까지 시위는 없었다. 시위를 하겠다고 마음 먹은 사람들은 있었지만 그들이 주로 조직을 담당하고 있었기 때문에 쉬이 결정할 수 없었다. 1979년 1학기에 시위가 드물었던 것은 다른 학교도 마찬가지였다. 그러나 유신정권에 대한 불만이 사라진 것은 아니었다. 오히려 대폭발을 위해 안으로 분노가 응축되는 시기였다고나 할까. 그렇게 한 학기가 지나는 동안 서두르지 않고 조직을 다지는 작업을 해나갔다.

봄 축제 때는 학술행사 등에 참여해서 슬쩍 '돌려까기' 식으로 발표했다. 흥사단아카데미는 비등록조직이기 때문에 다른 조직의 이름을 빌리기도 했다. 여름방학에는 기독학생회 중심의 농촌활동(농활)에 함께했다. 원래 비공개조직이 관련된 서클이 연합해서 농활을 갈 계획을 세웠지만 여러 가지 이유로 실행되지 못했다.

여름방학이 끝나면서 같은 2학년 팀이었던 정해랑(국문 77), 흥사단아카데미 구성원이면서 1학년 팀이었던 윤종천(토목 78)이 유인물 배포 사건으로 구속되었다. 오인택과 전혀 상의하지 않은 일이었다. 이상희와 논의한 것도 아니었다. 전적으로 두 사람이 결정해서 실행에 옮긴 일이었다. 걸리지 않고 실행이 되면 학내 분위기 조성에도 도움이 된다고 판단한 모양이었다.

이 사건은 그렇지 않아도 중책을 맡고 있던 오인택에게 더욱 큰 부담을 안겨주었다. 전해에 구속되었던 하석태, 신명식, 신용남이 7월 17일에 제헌절 특사로 석방되었지만 당장 조직 일을 맡기기는 어려웠다. 구속된 정해랑, 윤종천의 옥바라지에도 신경을 써야 했다. 게다가 시절이 하 수상해서 그런지 조직에 가담하는 1학년, 2학년도 늘어나는 추세였다. 이 모든 일을 혼자서 감당해야 할 판이었다.

그러던 중에 10.26이 터졌다. 계엄령이 선포되고 학교는 휴교가 됐다. 다음 정세가 어떻게 진행될지가 초미의 관심사였다. 12월 초가 되면서 정해랑과 윤종천이 석방됐다. 긴급조치가 해제되고, 제적생의 복학 조치가 내려진다고 했다. 새로이 맞이할 봄을 위해 1학년 중심으로 합숙팀을 꾸렸다. 그리고 학원민주화추진위를 구성했다. 해를 넘기면서 공청회도 하고, 총학생회를 재건하기 위한 작업에 들어갔다.

서울의 봄이라는 이름에 걸맞게 캠퍼스는 활기가 넘쳤고, 많은 학생이 학원민주화추진위에 관심을 가지고 모여들었다. 서클연합회와 학과연합회도 조직해 나갔다. 오인택이 학원민주화추진위 위원장에 선임됐다. 그런데 총학생회 구성을 막 준비하던 4월 1일에 조영식 총장사퇴를 요구하는 시위가 터졌고, 걷잡을 수 없이 확산되어 나갔다. 총학생회 선거는 치러지지 못한 채 10개 단과대학 선거만 치러졌다.

총장사퇴 시위가 길어지면서 그 자체를 총괄하기 위한 조직이 필요했다. 학원민주화추진위에서 3인, 복학생 2인, 단과대학 회장 5인으로 10인 소위를 구성했다. 오인택도 학민추위원장 자격으로 구성원이 됐다. 5월에 접어들면서 총장사퇴 시위는 반전두환신군부 투쟁으로 발전했다. 5.18계엄 확대와 휴교령이 내려지면서 경희대에서만 20명이 넘는 수배자가 생겼다. 오인택은 학민추위원장이었으므로 수배가 되는 게 확실했다.

처음에는 각자 다니다가 연락이 되어서 만나기도 하고, 함께 지내기도 했다. 그러던 중에 광주에서 올라온 1학년 후배가 재수생 친구로부터 유인물을 받아 왔다. '전두환의 광주시민 살육작전'이라는 제목의 유인물은 광주의 참상을 알려주는 것이었다. 학생운동을 하는 사람으로서, 더욱이 광주에서 고등학교를 나온 사람으로서 도저히 참을 수가 없었다. 광주 학살을 폭로하는 유인물을 배포하기로 하고, 함께 지내던 사람들과 논의했다.

그때 머물던 곳은 2학년 최낙범(토목 79) 누나의 집이었다. 누나가 애를 낳으러 친정에 간 사이에 비어있는 아파트에 7~8명이 묵었다. 등사기를 구입한 다음 광주에서 올라온 유인물을 인쇄해서 시내 여러 곳에 뿌렸다. 그러다 한 명이 고등학교에서 뿌리다 경비에게 가방을 빼앗겼고, 그 가방에 신원을 알 수 있는 물건이 있었다. 그곳이 하필 청량리경찰서 관할 구역이었다.

유인물 사건은 오인택, 정해랑(국문 77), 박영철(치대 78) 세 명이 한 것으로 입을 맞추었다. 오인택은 수배 생활을 하다 계엄사의 자진출두 기간에 수사기관에 찾아가서 잠시 구금을 당한 뒤 훈방조치됐다. 그리고 제적된 뒤 바로 영장이 나와 군대를 가야 했다. 1980년 9월에 입대한 오인택은 제대한 뒤 생업에 전념하다 지금은 전라북도 김제에서 농사를 짓고 있다.

　엄혹한 시절, 언제 어디서 지뢰가 터질지 모를 곳을 더듬어가면서 운동 조직을 꾸렸던 오인택. 지금으로서는 상상하기도 쉽지 않은 일이 벌어지던 시절이었다. 누군가는 그 일을 해야 했고, 기꺼이 그 일을 맡아서 한 사람이 오인택이었다. 그를 유신 말기 경희대 학생운동에서 비공개 학생운동 조직의 첨병을 자임했던 사람으로 기억해야 하지 않을까? 그가 있었기에 이후 경희대 학생운동에 조직운동의 싹이 틀 수 있었다고 해도 지나친 말은 아니리라.

제2부

데모 세 번이면
학교가 뒤바뀐다!

옳다

아니다

다

옳다

아니다

하라

'너희는 옳다 옳다, 아니다 아니다 하라. 이에 벗어나는 것은 모두 악에서 좇아 나느니라.'

- 마태복음 5장 37절.

1979년 1월경. 성북지원(현재의 북부지방법원)에서는 긴급조치 9호 위반 재판의 결심공판이 열렸다. 1978년 9월의 경희대 시위사건으로 구속된 하석태(영문 76)는 이날 최후진술에서 성경 구절을 인용했다. 그에게 내려진 구형은 징역 7년이었다. 시위를 했다고 징역 7년을 구형하는 건, 지금으로서는 상상도 할 수 없는 일이다.

그에게 7년이나 구형을 내린 것은 추가 기소 때문이기도 했다. 그가 추가 기소된 것은 구치소에서 유신헌법과 긴급조치 철폐를 주장하는 구호를 외쳤기 때문이다. 이것 역시 지금으로서는 도저히 이해가 가지 않는, '웃기는 짓'으로밖에는 볼 수 없다.

하석태는 2주 후에 내려진 선고에서 징역 3년을 선고받았다. 최후진술에서 성경구절을 인용했듯 그는 독실한 기독교 신자였다. 그는 최후진술에서도 신앙인으로서 옳은 것은 옳다고 하고, 아닌 것은 아니라고 한 것밖에 자기가 한 것은 없다고 했다.

장래가 촉망되던 영문학도 하석태는 갇힌 몸으로 실형을 선고받았고, 더 이상 대학생이 아닌 신분으로 어떻게 살아야 할지 모를 신세처럼 보였다. 하지만 방청석을 가득 메운 그의 친지, 동료, 후배들은 하석태의 모습에서 용기를 얻었고, 이후 그의 뒤를 따르는 사람이 많았다.

하석태가 시위를 했던 1978년 당시 경희대는 3년 가까이 시위라고는 전혀 없었다. 겉으로 보기에는 유신정권의 폭압이 현실을 외면하도록 학생들을 순치시킨 듯 보였다. 하지만 언제나 학생들이 침묵을 지키리라고 본 것은 유신정권의 착각이었다. 긴급조치 9호가 발동된 이후 대학가는 숨죽이고 있는 듯했지만 이후 대폭발을 준비하고 있었다.

1977년부터 전국 각지 대학에서 시위가 계속됐다. 1977년에는 신촌로터리까지 진출한 연세대 시위가 있었고, 1978년 봄에는 신림동 진출을 넘어 광화문에서 가두시위를 벌인 서울대생들의 데모가 있었다. 이런 시위들이 입에서 입으로 퍼지면서 경희대에서도 시위가 있어야 하지 않는가 하는 바람이 일부 학생들 사이에서 이야기되었다.

민청학련 사건으로 강제징집됐다 복학한 이상희는 민주주의에 대한 의지를 가진 학생들에게 데모의 필요성을 역설했다. '데모 세 번이면 학교가 뒤바뀐다'라는 것이 그의 주장의 핵심이었다. 마침 하석태가 회장으로 있던 기러기(흥사단아카데미)에 데모에 참가할 가능성이 있는 학생들이 모이기 시작했다.

하석태가 총대를 멨고, 대학주보사의 신명식(사학 76), 백단학회의 신용남(사학 77)이 함께하여 경희대의 오랜 침묵을 깨는 시위가 벌어졌다. 이 시위는 당시 현실에 비판적이던 학생들에게 충격이 되었을 뿐 아니라, 상당한 자부심을 갖게 만들었다. 이후로 실제 경희대 내 분위기는 많이 바뀌게 되었다.

시위 당일에 문리대를 맡았던 하석태는 자신이 공부하는 영문과 교실에서 학과실에 전화가 왔다는 핑계로 미국인 교수를 끌어낸 뒤 학생들에게 시위 참여를 호소했지만 성공하지 못했다. 하석태의 말에 공감하면서도 선뜻 나서기에는 시위라는 것이 너무 낯설고 두려웠던 것이다.

학생들의 호응이 없어서 강의실을 나온 하석태는 교내에 상주하고 있던 정보경찰과 학생과 직원들에게 쫓겨 뒷문 쪽 담을 넘어 도망쳤다. 그때 담은 상당히 높았다. 훗날 하석태는 이때를 회상하면서 어떻게 그 담을 넘었는지 다음에 가서 보니 놀라울 뿐이라고 했다. 경찰은 더 이상 쫓아오지 못했다고 한다.

미리 약속한 장소에서 만난 하석태와 신명식은 신용남이 현장에서 검거됐다는 것을 알고, 일단 피한 뒤에 다시 거사 계획을 세웠다. 며칠 뒤 새벽에 두 사람은 교내에 붉은 페인트 한 통을 갖고 들어가서 '유신철폐 독재타도 민주'라는 글자들을 노천극장과 도로에 썼다. 김지하의 시 '타는 목마름으로'가 연상되는 순간이었다.

그러고는 유유히 학교를 빠져나갔는데, 새벽에 순찰 중이던 교직원이 발견하여 다른 색의 페인트를 글씨 위에 쏟아서 지웠다고 한다. 하지만 학생들은 입에서 입으로 그 소식을 전했고, 시위가 불발된 것을 아쉬워하던 학생들이 이들의 다음 행동을 기대하고 있었다. 반대로 경찰과 기관원들 그리고 학교는 발칵 뒤집혔고, 하석태와 신명식을 잡으려고 혈안이 됐다.

이들의 세 번째 행동은 며칠 후 열린 축제 기간의 탈춤판에서 벌어졌다. 가을축제 당일에 탈춤놀이를 한다는 정보를 입수한 두 사람은 그곳을 시위 장소로 활용하기로 했다. 새벽에 담을 넘어 교내에 진입한 두 사람은 공대 강의실에 종일 숨어있다가 저녁에 본관 뒤편 숲속으로 이동했다. 그곳에서는 임간교실에서 북청사자놀이를 공연하는 소리가 들렸다.

본래 계획은 공연이 끝날 무렵 군무를 출 때 끼어드는 것이었는데, 이들이 임간교실로 들어설 때는 공연이 이미 끝난 뒤였다. 허탈해진 두 사람은 임간교실 바로 옆에 있던 대학주보사 건물로 들어갔다. 그때 교직원으로 짐작되는 누군가가 신고를 했고, 바로 경찰과 학생과 교직원들이 들이닥쳐서 청량리경찰서로 연행됐다. 신출귀몰, 학교를 드나들며 정보경찰과 학교 당국을 괴롭혔던 이들의 시위는 이것으로 끝을 맺었다.

일부 학생이 시위에 호응하려고 기다리고 있었지만 이들이 시간을 잘못 맞추는 바람에 그 기회를 놓치고 말았다. 게다가 탈춤판에 진을 치고 있던 사복형사와 학생과 직원이 학생들에 못지않게 많았다. 학생들이 그들을 제압하고 시위에 나서기에는 역부족이었다.

이들은 청량리경찰서에 먼저 잡혀 있던 신용남과 함께 조사를 받고, 유치장을 거쳐서 성동구치소로 간 뒤 재판을 받았다.

하석태는 성동구치소와 북부지원에서 유신정권과 비타협적인 옥중투쟁과 법정투쟁을 벌여 여러 가지 어려움을 겪었다. 성동구치소에서 추가 기소가 되기도 했고, 법원에 출두했을 때는 교도관들에게 집단구타를 당하기도 했다. 이후 하석태는 구치소 측의 공식 사과도 받았고, 적절한 치료비와 배상도 받았다.

하석태는 1979년 7월 17일에 형집행정지로 출소했다. 당시 인권 외교를 강조하던 미국 대통령 카터가 방한하면서 유신 정권이 제헌절과 광복절에 긴급조치 9호로 구속된 학생들을 대거 석방한 영향이었다. 하석태는 구치소에서 나온 뒤 일단 고향인 충주로 갔다.

충주에서 교회를 다니던 하석태는 그 지역 출신인 다른 학교 후배들을 만나 유인물을 지역 내에 살포하도록 조직하기도 했다. 이것 때문에 지역이 발칵 뒤집혔고, 긴급조치 전과가 있는 하석태가 의심을 받기는 했지만, 다행히 발각되지 않은 채 10.26을 맞았다.

유신정권이 붕괴되고 이른바 '서울의 봄'이 찾아왔다. 그 사이에 12.12군사쿠데타가 있었지만, 겉으로는 순조롭게 민주화가 되는 듯했다. 하석태는 복학했다. 하지만 당시 정세는 조용히 앉아서 공부를 하도록 두지 않았다. 당시 시중에는 전두환이 쿠데타로 실세가 되었고, 그를 응징해야 한다는 이야기가 회자되고 있었다.

학원가에서는 학원민주화가 주요 이슈로 등장했다. 거의 모든 대학이 학원민주화추진위원회를 구성하고 학원민주화를 위한 여러 가지 운동을 전개했다. 경희대도 비합법 학생운동조직의 주도로 학원민주화추진위원회를 구성하여 법대 77학번인 오인택이 위원장이 되었고, 제적당한 지 얼마 되지 않은 76, 77, 78학번들과 논의를 하면서 활동했다.

학원민주화의 일환으로 각 과의 학회장, 과대표를 통한 대의원회의 구성, 서클 대표들로 구성된 서클연합회 조직 등을 추진했다. 학원민주화를 위한 의결기구, 대중조직 등을 추진한 것이었다. 또 한편으로 총학생회를 재건하기로 하고, 이전 비합법 조직 구성원들과 신뢰할 만한 사람들 30여 명이 모여서 논의를 했다.

경희대 후문 쪽에 있는 외국어대 부근의 중국집에서 30여 명이 모임을 갖고 하석태를 총학생회장 후보로 추대하기로 결의했다. 재정책임자는 하석태와 같은 사건 공범이기도 했던 신용남(사학 77)이 맡기로 했다. 이 모임이 있기 전에 이미 비합법조직의 핵심이라고 할 복학생, 학원민주화추진위원들이 하석태를 추대하기로 합의가 된 상태였다.

당시 몇몇 대학에서 복학생이나 학생운동의 핵심을 총학생회장으로 추대하려는 논의가 있었다. 하지만 현실화된 곳은 거의 없었다. 총학생회장이 되면 이후 어떠한 탄압이 올지 모르니 그에 대한 각오가 있어야 했고, 그러면서도 대중성 등이 뛰어나야 했다. 그런 사람을 찾는 일은 쉽지 않았다.

하석태는 제적과 투옥 등으로 단련된 사람이었고, 누구보다 대중 연설이 뛰어난 사람이었다. 본인도 고향 집에 홀로 계시는 아버지를 생각하면 착잡한 마음이 없지는 않았을 것이다. 하지만 하석태는 주위의 권유를 담담하게 받아들였다. 이후에 생각해도 탁월한 선택이었다고 당시 결정에 관여한 이들은 말했다. 하석태가 회장이 됐다면 당시 전체 학생운동, 적어도 경희대 학생운동에 적지 않은 영향을 미쳤을 것이다.

그런데 4월 1일에 뜻하지 않게 법대 중심으로 총장사퇴 촉구 시위가 일어났다. 수천 명의 학생이 본관 앞에 모여서 시위를 한 뒤 크라운관으로 장소를 옮겨 농성에 돌입했다. 학교는 사실상 휴교 상태에 들어갔다.

40일 가까이 계속된 경희대의 총장사퇴 촉구 시위 농성은 하석태의 운명을 크게 바꾸어 놓았다. 만약에 이 시위 농성이 일어나지 않았거나 조기에 끝났다면 예정된 일정 그대로 총학생회장 선거가 치러졌을 테고, 하석태가 거의 틀림없이 총학생회장이 되었을 것이다. 그랬으면 5.17계엄 확대 조치와 함께 그는 구속을 피하기 어려웠으리라.

당시 대부분의 총학생회장이 '현역'이었는데, 그는 긴급조치로 구속된 경력이 있었기 때문에 계엄사가 사건을 조작할 때 비중 있는 위치에 있을 수밖에 없었을 것이다. 더욱이 그의 성격상 총학생회장단의 논의에서 누구보다 과격한 주장을 했을 가능성이 매우 높았다.

그런데 총장사퇴 촉구 시위 농성으로 총학생회장 선거는 치러지지 못하고, 단과대학 회장 선거만 하게 됐다. 그리고 이 시위 농성은 적극적인 5개 단과대 회장, 학민추 위원 3인, 복학생 2인으로 구성된 10인 소위가 주도하게 됐다. 결국 하석태는 총장사퇴 촉구 시위 농성에서 의견을 내는 정도로밖에 기여할 길이 없었다.

하석태는 시위 농성이 한창 진행 중이던 4월 말부터 교생 실습을 가게 되었다. 그동안 총장사퇴 촉구 시위 농성은 종료되고, 학내 시위는 교외 정치 시위로 바뀌었다. 5월 13일부터 시작된 시위는 5월 15일에 절정에 이르렀다. 잘 알려져 있듯이 서울역에서 회군을 하고, 이틀 뒤 전두환 신군부는 전격적으로 계엄 확대를 통해 서울의 봄의 막을 내리게 했다.

많은 학우가 연행되고 수배되었지만 하석태는 '교생 실습' 알리바이 덕분에 탄압을 피했다. 당시 제적된 사람들을 중심으로 9월 9일 전두환의 대통령 취임 이후 첫 시위를 했는데, 하석태는 이상희와 함께 이 시위에 눈에 보이지 않는 많은 기여를 했다. 그리고 남은 조직이 흩어지지 않고 활동하도록 노력했다.

2학기가 끝난 뒤 겨울방학 때는 9월 9일 시위 주모자로 수배 중이던 정해랑(국문 77), 사회과학연구회에서 활동하던 강신홍(건축 76), 이길상(사학 79), 유행철(건축 79) 등이 한 달 동안 합숙하면서 공부할 수 있도록 아파트를 마련해 주었다.

하석태는 학교를 졸업하고 교생 실습을 했던 충주여중에서 교편을 잡았다. 이후 모교인 세광고와 서울 장훈고에서 교직 생활을 하다가 노량진 한샘학원과 정진학원에서 단과 강사로 일했다. 그는 특히 당시 영어 강사들이 취약했던 회화 실력이 뛰어났다. 어렸을 때 충북지역에 왔던 평화봉사단원이 그의 집에서 하숙을 했는데, 그들과 대화를 나누면서 회화를 일찍부터 익히게 됐다.

학원 단과 강사로 성공한 그는 목동으로 가서 개인학원을 차렸다. 학원은 꽤 인기를 누리면서 번창했다. 그러던 중 탁월한 영어 실력을 바탕으로 모교인 경희대 경영학과에서 교수직을 맡았다. 하지만 그는 젊은 날의 꿈을 다시 되새기면서 정치에 몸을 던졌다.

그의 웅변 실력은 정치 현장에서 빛을 발했다. 문재인 전 대통령 유세에서는 서울지역유세본부장을 했고, 이어서 박원순 서울시장 유세본부장을 맡았다. 최근에는 정근식 서울교육감의 유세 책임자를 했다. 그러나 정작 본인의 정치에서는 불운이 겹치면서 국회의원, 구청장 등을 지원했으나 뜻을 이루지 못했다.

하지만 하석태는 단지 출세나 명예를 위해서 정치를 하고자 한 것은 아니었다. 그에게 공직은 자기 뜻을 실현하기 위한 수단일 뿐이었다.

하석태는 자기 철학이 담긴 책을 발간하고, 강연회를 여는 등 활발한 활동을 지속하고 있다. '옳다 옳다, 아니다 아니다 하라'고 하던 초심을 버리지 않은 채.

모든
불의에

맞서
싸운다

신영식(사학 76)

신명식은 하석태와 함께 침묵을 지키던 경희대를 뒤흔들어 놓은 1978년 9월 시위를 주동한 인물이다. 당시 그는 대학주보사 기자였다. 경희대 대학주보사는 학생운동의 오랜 전통을 가지고 있다. 구속당한 선배도 여럿 있었고, 사회에 대한 비판의식을 갖지 않으면 버티기 어려운 분위기도 있었다. 하지만 대학주보사는 '긴급조치 9호'라는 엄혹한 시대에 학생운동을 이끌기에는 많은 한계가 있었다. 우선 정보기관에 노출된다는 점이 문제였다. 거기에다 학생들이 주체이긴 했지만 '언론사'가 갖는 한계도 적지 않았다. 신명식은 누구보다 언론사에 어울리는 사람이면서도 그것을 뛰어넘는 인식을 갖고 있는 사람이었다.

신명식이 데모를 결심하게 된 것은 1978년의 학내 분위기와 함께 동기이자 동지였던 하석태 등의 존재도 한몫했다. 신명식은 하석태를 통해 이상희, 오인택 등을 만났고, 1년 후배인 신용남과도 교류하면서 당시로서는 엄청난 결심을 하게 되었다. 의기투합한 셋은 시위 전술도 합의를 했다.

하석태가 문리대를 맡았고 신명식은 정경대를 맡았다. 신용남은 대운동장에서 시위를 하기로 했다. 그날은 2학년 남학생들이 교련복을 입고 총을 든 채 태릉까지 교련 행군을 하기로 되어 있었다. 그들이 연병장에 모여 있을 때 구호를 외치고 시위를 하기로 한 것이다.

세 명의 시위에 호응하기로 한 사람들과도 미리 이야기가 되었다. 유인물을 뿌리기도 하고, 함께 구호를 외치자는 이야기도 되었다. 그런데 결과적으로 그들은 전혀 나서지 않고 셋만이 외롭게 투쟁하다 끌려가거나 학교 밖으로 빠져나가게 됐다. 그들이 누구인지, 왜 그랬는지는 당사자인 세 사람이 밝힌 적이 없어서 알려지지 않았지만 약속이 있었던 건 분명하다.

미리 약속한 사람들 이외에 그렇지 않은 사람들이 시위에 가담하려 했던 움직임도 있었다. 정경대 건물에는 1학년들이 공부하는 교양학부가 있었다. 신명식이 비상벨을 울리면서 구호를 외치자 강의실이 술렁거렸다. 정경대에서는 호응하는 움직임이 없었지만 교양학부에서는 여러 명이 밖으로 나왔다.

증언에 의하면 시위가 조금이라도 진행되면 합류할 태세를 갖춘 학생이 네 명 정도 있었다고 한다. 그중에는 2년 뒤 서울의 봄 때 총장사퇴 촉구 시위에 적극적으로 나선 사람도 있고, 전두환이 대통령이 된 뒤 첫 시위인 1980년 9.9시위에서 주동을 했던 여학생도 있었다. 하지만 기선을 제압한 잠복 정보 경찰과 학생과 직원들 때문에 이들은 아쉬움을 남긴 채 강의실로 들어가야 했다.

1978년 9월의 경희대 시위는 기본적으로는 반유신 시국 시위였지만, 학원민주화를 촉구하는 내용도 들어 있었다. 특히 당시 학원 내 노무직들이 처우 개선을 요구하는 움직임이 있었는데, 그것을 적극 알리는 내용도 있었다. 이는 대학주보사 기자로서 학내 정보에 밝은 신명식이 있었기 때문에 가능한 일이었다.

이 시위에서 신용남은 현장에서 검거되고, 신명식은 하석태와 함께 학교를 빠져나가 외부에서 만났다. 그리고 며칠 뒤 새벽, 학교에 붉은 페인트 한 통을 갖고 들어가서 노천극장, 도로 등에 유신철폐, 독재타도, 민주 등의 글씨를 크게 쓰고 학교 밖으로 빠져나왔다.

갑자기 페인트로 범벅이 된 교내 노천극장과 도로를 보고 학생들은 쑤군댔고, 그 내막을 아는 학생들을 통해 입에서 입으로 소문이 퍼졌다. 학생들은 다시 한번 이들이 나타나서 시위를 일으켜 주기를 기대했다. 그리고 그만큼 정보 경찰과 학교 당국은 초긴장 상태가 되어 신명식과 하석태를 잡으려고 혈안이 됐다.

신명식과 하석태는 축제 기간 열리는 탈춤판을 세 번째 시위로 만들려고 했지만 탈춤판이 끝난 뒤에 들어가면서 결과적으로 의미 있는 시위로 연결하지 못했다. 세 번째 시위 기도가 실패한 뒤 허탈감에 빠진 두 사람은 대학주보사로 들어갔는데, 교직원으로 추정되는 사람의 신고로 검거되어 청량리경찰서로 연행됐다.

신명식은 하석태와 이미 검거되어 있던 신용남과 함께 구속되어 검찰에 송치된 뒤, 성동구치소로 가게 되었다. 그는 성동구치소와 성북지원(지금의 북부지법) 법정에서 옥중투쟁과 법정투쟁을 힘차게 벌여 나갔다. 그리고 하석태, 신용남과 함께 이듬해인 1979년 제헌절에 형집행정지로 특별사면되어 출소했다. 인권외교를 표방한 카터가 미국 대통령이 되면서 유신정권의 탄압에 압력을 가했고, 그가 방한하면서 일종의 선물로 긴급조치 9호 위반자에 대한 특별사면을 단행한 것이었다. 특별사면은 7월 17일 제헌절과 8월 15일 광복절 두 차례에 걸쳐서 대규모로 이루어졌다. 덕분에 그 많던 긴급조치 위반자들이 교도소, 구치소에 소수만 남을 정도가 됐다.

석방된 이들에게 유신정권은 입대 영장을 발부했다. 긴급조치 9호 위반 대학생은 징역을 2~3년 살고 나와서 또 군대에 가야만 했다. 속된 말로 '곱징역'을 시키는 것이었다. 신성한 병역의 의무를 반정부 학생 탄압의 도구로 사용한 전두환 정권의 강제징집 만행이 이때부터 시작된 셈이었다.

병역법에서 군 면제는 조금 애매한 면이 있었다. 징역 3년 이상이면 면제인데 그보다 적은 실형을 산 사람은 부적격자로서 징집면제 혹은 소집면제가 됐다. 1974년 민청학련 사건까지만 해도 실형을 살면 무조건 군 면제가 됐다. 그런데 이듬해인 1975년부터 유신정권은 군대를 새로운 징역으로 악용하기 시작했다.

일반 수형자들은 실형을 살면 군대를 가는 일은 거의 없었다. 그런데 긴급조치 9호 위반자만 예외로 취급했다. 징역을 2~3년 살고 나와 곧바로 군대에 가는 건 끔찍한 일이었다. 누구나 알듯이 군에서는 교도소보다 더한 유신정권의 통제를 받았다.

1978년까지는 대부분 영장에 순응할 수밖에 없었다. 조직적으로 거부하기에는 부담이 너무 컸기 때문이다. 그러나 1979년에는 대규모의 인원이 출소했기 때문에 이에 대한 집단적 대응이 자연스러운 일이었다. 이들은 병역대책위원회(병대위)를 구성하고 모두 입대 영장을 거부하기로 결의했다.

신명식도 하석태, 신용남과 함께 영장을 거부하기로 하고, 일단 집을 나와 피해 다녔다. 유신정권은 병대위를 탄압했다. 집행부가 구속되기도 했다. 일부 동요하는 사람도 없지 않았다. 피해 다니다가 잡힌 사람은 군대에 끌려가기도 했다. 그야말로 군대에 '끌려가는' 것이었다. 하지만 워낙 인원이 많다 보니 잡으려는 시도도 한계가 있었다.

강제징집을 피해 다니는 상태에서 신명식은 10.26을 맞이했다. 유신정권은 붕괴됐다. 당시 정권은 긴급조치 9호 위반자로 실형을 산 사람들에게 군대 소집을 면제해 주는 조치를 취했다. 덕분에 신명식도 군대를 가지 않게 됐다. 당연히 그는 장래의 진로에 대해 생각하기 시작했다.

곧 학교로 돌아갈 수 있다는 건 자명한 일이었다. 이때부터 신명식은 이전부터 꿈꾸던 사학자나 기자의 길을 생각했다. 하지만 서울의 봄이 되면서 시대 상황은 신명식을 가만히 놔두지를 않았다. 학원민주화추진위 활동을 할 때만 해도 복학생으로서 의견을 내는 정도에 머물렀지만 총장사퇴 농성이 커지면서 거기서 머무를 수가 없었다.

총장사퇴 농성 지도부 구성 당시 신명식은 권혁종(행정 74)과 함께 복학생 대표로 10인 소위에 들어갔다. 그리고 시국 시위로 발전한 뒤에는 유인물도 작성했다. 결국 5.17계엄 확대 조치와 함께 신명식은 검거 대상이 되었고, 5월 17일 저녁에 연행됐다.

계엄사에 체포된 신명식은 당시 학생운동, 재야운동 등을 수사하던 치안본부 수사대에 끌려가서 한 달 이상 모진 고문을 당하면서 조사를 받았다. 이전에는 상상하지도 못했던 고통이었다. 조사도 힘들었지만 그것보다는 헌병대가 감시하면서 얼차려를 시키는 유치장 생활은 정말 힘든 일이었다.

경희대에서는 이곳에 네 명이 끌려갔다. 정확하게 검거 대상자 규모를 알 수 없지만 대략 30여 명쯤 되었을 것으로 추정된다. 그중 그냥 경찰서에 머물렀던 사람도 있고, 검거를 피해 달아난 사람도 적지 않았다. 신명식은 그날 밤 지인들과 술을 마시고 집에 들어갔다가 연행되었다.

신명식을 체포한 자들은 청량리경찰서(지금의 동대문경찰서) 정보과 형사들이었지만, 그를 조사한 곳은 계엄사합동수사본부(합수부)였다. 청량리경찰서에 신명식 검거를 지시한 곳도 합수부였다. 합수부에서 그를 그만큼 비중 있는 사람으로 파악했다는 방증이라고 볼 수 있다.

신명식은 군법회의에 송치되어 계엄법 위반으로 1년 실형을 선고받았고, 이번에는 만기까지 징역을 살았다. 출소 후 신명식은 이후 진로를 심각하게 생각하기 시작했다. 당시로서는 대학을 졸업하지 않고서는 학자도, 기자도 이룰 수 없는 꿈이었다. 전두환 정권이 곧바로 무너질 거라는 생각은 당시로서는 망상이었다.

신명식은 이전부터 노동문제에 관심이 많았다. 모든 불의에 맞서 싸운다는 생각을 하는 그가 노동문제에 관심이 없을 리가 없었다. 하지만 자신이 꼭 하겠다는 생각까지는 하지 않았다. 그런데 이때부터 노동문제에 투신하겠다는 생각을 굳혔다. 당시 그의 주변에 있던 긴급조치나 계엄법 위반 경력자들의 분위기가 그에게 영향을 준 점도 있다고 볼 수 있다.

그는 용접 등 기술을 배우고 현장에 들어가기로 결심했다. 작은 공장에 취업해서 공장 생활을 익히기도 했다. 체력을 단련하면서 노동자 생활을 건실하게 할 준비도 했다. 그런데 의외로 빨리 대학에 돌아갈 기회가 생겼다. 1983년 말부터 학원 자율화 조치의 하나로 제적생에게 복학의 기회를 준 것이다.

신명식은 약간 갈등을 했지만 결국 노동운동의 길을 택했다. 현장에 들어가서 노동운동을 하겠다는 사람들과 의견을 교환하면서 먼저 인천지역으로 들어갔다가 서울 성수지역으로 옮겨 취업을 했다. 그런데 조직이 정보기관에 파악이 되면서 세 번째 징역을 살게 되었다. 이번에도 실형을 면하지 못했다.

세 번의 징역을 살고 나온 뒤 신명식은 좀더 안정적인 활동을 해야겠다는 생각을 굳혔다. 그리하여 택시노조연맹에 실무자로 들어갔다. 사실 경희대에는 그 당시까지 신명식처럼 징역을 여러 번, 그것도 모두 실형으로만 산 사람도 드물었다. 어찌 보면 운이 없다고 볼 수도 있지만 그것보다는 모든 불의에 맞서 싸우는 그의 성격 때문일 것이다.

택시노조에서 노동운동을 하던 그가 신문사 기자가 된 것은 우연 같은 필연이었다. 당시 노동운동을 하다 일간신문을 창간

하는 선배가 있었다. 그는 신명식이 대학주보사 출신으로 신문기자가 될 자질과 감각을 지녔다는 것을 파악했다. 마침 문민정부가 되면서 새로운 복학 기회가 생겼다. 신명식은 복학을 해서 대학 졸업 자격을 획득했다.

신명식도 돌고 돌아서 기자가 된다는 사실에 만족했다. 그는 신문기자로 활동하면서 편집국장의 자리에까지 올랐다. 그 나름대로 좋은 언론을 만들기 위해 열과 성을 다한 뒤 퇴임했다. 그 뒤 그는 전라북도 김제로 가서 유기농사를 지었다. 그리고 그때의 경험과 이전에 쌓았던 경륜 등으로 환갑이 넘은 나이에 농업 관련 공공기관장을 하게 됐다.

신명식은 공공기관장 자리에서 은퇴한 뒤 60+기후행동이란 단체에서 기후정의운동을 하고 있다. 그는 요즘 기후위기, 생태계 위기 등에 관심이 많다. 이외에도 사회적 상속 등에 대해서도 문제의식을 갖고 있다. 반독재 민주화운동에서 노동운동 그리고 언론을 통한 사회정의 실현을 넘어 이제는 환경운동, 기후정의행동 등에 나서고 있는 것이다. 모든 불의에 맞서 싸우는 그의 성격은 지금도 이어지고 있다. 아마도 그는 노년도 그렇게 보내리라.

온몸으로
유신 폭압의
실체를
알리다

신앙님(사학 77)

1970년대 말과 1980년대 초의 경희대 학생운동을 아는 사람이라면 대체로 비합법·비공개조직을 떠올린다. 대표적인 곳이 '아카'라고 불리던 흥사단아카데미이다. 아카는 1978년에 잠깐 공개조직이 됐다가 계속 비공개조직으로 존재했다. 그다음이 '사과'라고 불리던 사회과학연구회다. 1979년에 서양사상연구회라는 이름으로 공개모집을 했지만 학교에서 인정받는 서클로 등록되지 못하고 언더조직으로 활동했다. '기생'이라 불리던 기독학생회도 있다. 1980년까지 공개서클이었는데, 이후에는 공개서클은 그대로 둔 채 사실상 비공개조직으로 움직였다.

　　그런데 경희대 학생운동에는 역사와 전통을 자랑하는 공개

서클이 있다. 바로 백단이다. 1970년대 초에 생겨서 많은 동문이 거쳐갔고, 1970년대 후반에도 공개조직으로서 활발하게 움직였다. 백단은 지금도 공개조직으로서 전통을 이어가고 있다. 1980년대 초에는 비공개조직에서 이 서클에 많이 들어갔다. 당시 쓰던 용어로 '프랙션'이라는 것을 했다고나 할까? 프랙션이란 학생운동 내 특정 정치조직이나 노선 그룹이 만든 내부조직. 겉으로는 '학회', '동아리'를 말한다. '학년모임' 같은 일반 학생모임의 형태를 띠지만, 실제로는 PD나 NL 등 특정 그룹을 따르는 비밀 조직이다. 그런데 1970년대 후반에 원래 그 서클로 들어갔으면서 시위 주동자 중 하나가 된 사람이 있다. 신용남(사학 77)이다.

신용남은 좀 독특한 개성을 지닌 인물이다. 농촌 출신에다 누가 보아도 시골 사람 같은데 멋을 잘 부리는 댄디보이라고 할 수 있었다. 붓글씨를 잘 쓰고 한학에도 어느 정도 이해도가 있어서 전통적인 문예에 능한 사람 같은데, 물건을 잘 만들고 다루어서 이공 계통의 기술자로 보이기도 했다. 그와 가까웠던 사람들의 말에 따르면 함께 걸어가다가 사라져서 찾아보면 근처 고물상 앞에 가 있더라는 것이다.

신용남은 1학년 때 백단에 가입하고 2학년 때 등록이 된 기러기(흥사단아카데미)의 세미나에 참여하면서 많은 사람과 접촉하게 되었다. 특히 그 당시 많은 대화를 나누었던 사람은 주세영(지리 75)이었다. 주세영에게 불과 3년 전인 1975년에 엄청난 시위가 있었다는 것을 듣고, 어째서 학원이 이렇게 침묵 속에 빠져들었는지 고민하게 됐다. 신용남은 주세영뿐 아니라 하석태, 오인택 등과 시국에 대해 이야기를 나누면서 점점 더 이 사회를 위해 무언가 해야 하지 않을까 하는 생각을 갖게 됐다.

1978년은 학원가가 본격적으로 술렁이기 시작한 해였다. 신용남은 그해 6월에 있었던 광화문 시위에 참여했다. 서울대에서 시작된 시위대가 신림동으로 진출한 뒤 광화문에서 기습시위를 벌였다. 유신정권에 경종을 울린 시위인 동시에 직간접적으로 그 시위에 참여하거나 목격한 학생들에게도 엄청난 충격을 준 사건이었다. 신용남 역시 그러했다. 흥분된 마음을 가누기 힘들었고 '그런데 왜 우리 학교는 조용할까' 하는 생각을 하지 않을 수 없었다.

그런 가운데 시위를 하자는 제안이 왔다. 기러기 세미나에서 만나 많은 생각을 공유했던 하석태와 1년 선배이자 대학주보사 기자였던 신명식이었다. 신용남은 대부분의 사람과 마찬가지로 그 제안에 대해 많은 고민을 했다. 홀로 되신 뒤 시골집

92

에서 고생하고 계신 어머니 생각이 안 날 수가 없었다. 대학을 보낸 집안에 뭔가 기여해야 한다는 부담감도 없지 않았다. 하지만 거절하고 움츠러들기에는 너무 많은 길을 왔다. 더 이상 참을 수 없다는 생각에 시위를 함께하기로 동의했다. 거사일은 2학년 학생들이 교련 행군을 하는 날이었다.

지금은 건물이 들어서고 주차장이 생긴 자리에 그때는 커다란 운동장이 있었다. 학생들은 거기에서 체육 활동을 했다. 축구부나 야구부가 연습을 하기도 했다. 교련도 거기서 했기 때문에 연병장이라고 부르기도 했다. 그곳에 교련복을 입은 2학년 남학생들이 행군을 하기 위해 모였다. 태릉까지 M1소총을 들고 행군을 하려는 것이었다. 지금은 상상하기 힘든 일이지만 그때는 당연한 것으로 알았다.

1976년부터 대학교 1학년 학생들은 문무대로 들어가 열흘 동안 훈련을 받았다. 문무대는 학군단이 여름에 들어가서 훈련을 하는 곳이었다. 군대를 갔다 온 예비역도 문무대를 가야 했다. 심지어 제대한 지 얼마 안 된 예비역도 대상이었다. 그들은 대개 학생중대장, 소대장 등의 역할을 했다. 훈련 내용도 매우 빡셌다. 군대에 갔다 온 학생들이 논산훈련소보다 더 힘들었다고 말할 정도였다. 유격, 각개전투, 화생방 훈련 등을 했는데,

혹독한 훈련을 통해 대학생들의 군기를 꽉 잡겠다는 게 유신정권의 의도였다. 그런데 희한한 것은 문무대를 갔다 온 학생들은 오히려 군기가 확 빠져서 교련 시간이 거의 노는 시간이 될 정도였다. 이것이 바로 당시 사회의 모순이었다.

박정희는 이러한 통제를 통해 북한과 같은 사회가 되기를 바랐는지도 모른다. 그가 독재를 하는 명분은 오로지 북한이 쳐들어올지 모르는 상황이니 우리도 단결해서 남침을 막아내고 나아가 통일까지 하자는 것이었다. 하지만 그의 의도와는 다르게 대한민국은 이미 자본주의가 고도화되어 가고 있는 사회였다. 자본주의사회가 제대로 작동하는 상품시장, 노동시장 등에서 '자유'는 필수불가결한 것이었다.

당시 대학생들은 저녁이면 고고장 같은 곳에서 밤을 새우기도 했다. 자정부터 새벽 4시까지 야간통행금지가 있던 때였는데, 그 시간에 아예 밖으로 나가지 않고 술 마시고 춤추며 노는 곳이 서울시내에 꽤 있었다. 자본주의의 활성화를 위해 시장은 그런 곳을 자꾸 양산했고, 정권도 그것을 묵인 내지는 방조해야만 했다. 아니 어쩌면 적극 밀어주는 모순되는 행동을 했던 것인지 몰랐다. 그렇게 밤새 놀고 온 대학생들이 교련복을 입고 군가를 부르면서 행군을 한다는 건, 희극이었다.

시위를 하기로 한 9월 하순의 그날이 왔다. 유달리 맑은 날이었다. 하석태는 문리대에서, 신명식은 정경대에서 거사를 하기로 계획되어 있었다. 신용남은 여느 학생들처럼 교련복을 입고 M1 소총을 든 채 대열에 서 있었다. 약속된 시간이 됐다. 행군을 하기 전에 총장이 나와서 연설을 했다. 국가안보의 중요성 등 하나마나한 이야기를 길게 늘어놓은 다음 "잘 갔다 오라"라는 이야기를 하는 순간 신용남은 M1 소총을 집어던지며 "유신헌법 철폐하라!" 하고 구호를 외쳤다.

그런데 신용남은 구호를 채 끝내지도 못한 채 비명소리와 함께 사라졌다. 순식간이었다. 학생들 대열 사이사이에 있던 자들이 달려들어 머리채를 낚아채고 팔을 비틀어서 끌고 갔다. 몇몇은 학생과 직원이라는 것을 알 수 있었지만, 낯모르는 자들도 섞여 있었다. 학생과 직원들을 지휘하는 듯한 자들도 보였다. 청량리경찰서(지금의 동대문경찰서) 형사거나 중앙정보부 요원들이었다.

신용남은 끌려가면서도 소리를 치려고 했지만 입이 틀어막힌 데다 계속 구타를 당했기 때문에 더 이상 어떻게 할 수가 없었다. 오직 그들에게 그야말로 개같이 끌려가는 것만이 그가 할 수 있는 유일한 일이었다. 하지만 이것은 얼어붙어 있는 학생들에게 엄청나게 큰 충격을 주었다. 학생들은 자신들이 얼마나 심한 감시와 통제 속에서 살고 있는지를 비로소 절감하게 됐다. 신용남은 온몸으로 두들겨 맞고 끌려가면서 박정희 유신 정권의 폭압의 실체를 알린 것이다.

청량리경찰서로 연행된 신용남은 누구와 함께했는지를 캐묻는 형사들에게 무조건 자기 혼자 한 일이라고 했다. 물론 하석태와 신명식이 어떻게 되었는지를 알 길은 없었다. 자기 혼자 했다는 것을 믿어 줄 리도 없고, 곧 들통날 것이라는 것도 알았다. 하지만 일단 자기 혼자 한 것으로 주장해서 시간을 끄는 것이 두 사람에게도 도움이 될 거라고 판단했다.

물론 이 때문에 더욱 심한 구타와 고문이 잇따랐다. 더욱이 하석태와 신명식이 거사 뒤 피신을 했기 때문에 이들을 잡으려고 혈안이 된 경찰은 더욱 무지막지하게 신용남을 다루었다. 결국 신용남도 약속 장소를 말할 수밖에 없었지만, 그때는 이미 학교 밖으로 사라졌던 두 사람이 약속 장소까지 들렀다 가 버린 뒤였다.

그날 행군이 끝난 뒤 학교로 돌아온 남학생들과 시위 이야기를 듣고 온 여학생들로 학교 부근 술집은 가득했다. 묵묵히 술만 마시는 사람, 우는 사람, 술주정을 하는 사람이 많이 눈에 띄었다. 김민기의 '친구'를 목 놓아 부르는 사람도 있었다. '그 모두 진정이라 우겨 말하면 어느 누가 홀로 일어나 아니라고 말할 사람 누가 있겠소' 하는 3절 가사에서는 엉엉 우는 사람도 있었다. 그들은 아프리카 초원에서 사자에게 물어뜯기는 동료를 멀뚱히 바라보아야만 하는 얼룩말과 자신이 무엇이 다를까를 생각하지 않았을까?

신용남은 이후 검거된 하석태, 신명식과 함께 구속되었고, 청량리경찰서 유치장을 거쳐 성동구치소(지금의 동부구치소)에 수감됐다. 그리고 당시 성북지원(현재 북부지법)과 2심인 서울지법(지금의 중앙지법)에서 징역 2년을 선고받았다. 이듬해 카터 방한에 따른 특별사면 조치로 7월 17일 제헌절 특사로 형집행정지 석방됐다. 출소하자마자 강제징집을 하려는 유신정권에 맞서 다른 출소자들과 함께 거부의 뜻으로 피신을 했고, 그 상태에서 10.26을 맞게 됐다.

1980년 봄은 신용남에게도 새로운 인생을 모색할 시기였다. 그는 당시 제적 상태였던 사람들과 함께 복학이 됐다. 그때 학원가에서는 학원민주화가 주요 이슈였다. 거의 모든 대학이 학원민주화추진위원회를 구성하여 학원민주화를 위한 여러 가지 운동을 전개하였다. 경희대에서도 당시 비합법 학생운동조직

의 주도로 학원민주화추진위원회를 구성했고, 1978년과 1979
년에 제적되었던 복학생들이 함께 논의하고 움직였다.

학원민주화에서 가장 중요한 문제는 박정희 유신정권에 의
해 강제로 학도호국단으로 바뀐 총학생회를 재건하는 것이었
다. 1975년 긴급조치 9호를 발동한 박정희 유신정권은 그때까
지 모든 학교에 있던 총학생회를 해산시키고 학도호국단으로
대체하게 했다. 이때부터 대학교에서는 총학생회장 대신 사단
장이 학생을 대표했고, 고등학교에서는 연대장이라는 직책이
생겼다. 물론 사단장, 연대장 등은 학생들이 뽑는 것이 아니라
학교가 임명하는 것이었다.

박정희 유신정권이 무너지고 서울의 봄이 되었으니, 학도호
국단 대신 총학생회가 재건되는 것은 너무나 당연한 일이었다.
경희대학교에서는 1975년에 역사상 처음으로 직선 총학생회
가 구성되었으나, 시위로 인해 총학생회장을 비롯한 주요 간부
들이 모두 구속 또는 제적됐다. 그리하여 총학생회는 와해되고
학도호국단이 구성되면서 학교에서 임명한 사단장, 연대장, 대
대장 등이 학생을 대표하게 되었다.

당시 비합법조직의 핵심이라고 할 복학생, 학원민주화추진

위원들이 총학생회를 재건하기로 결정하고, 고심 끝에 복학생인 하석태를 총학생회장 후보로 추대하기로 합의했다. 신용남은 총학생회 선거가 실시될 때 들어갈 재정에 대한 책임을 맡기로 했다. 그런데 4월 1일에 누구도 생각지 못했던 총장사퇴 요구 시위가 농성으로 이어지면서 휴교가 되어 총학생회 선거는 치러지지 못했고, 신용남의 재정 책임 임무도 없던 일이 되어 버렸다. 그 뒤 5.17비상계엄 확대로 학교에 계엄군이 주둔했고, 많은 사람이 체포되었고, 수배됐다. 신용남은 드러나게 활동을 하지 않아서인지 체포 대상이 되지 않았다. 가을이 되고 개학을 했다. 2학년을 마친 신용남은 이후 학교를 계속 다녀 대학원에 진학했다.

학교를 다니는 중에 신용남은 이전에 큰엄마집이라고 불리던 곳에 떡전거리라는 주점을 차렸다. 그 이전에도 신용남은 출소하고 복학을 앞둔 시점에 회기사거리쯤에 함께 출소한 신명식, 서울공대 출신들과 포장마차를 차린 일이 있었다. 공부를 하는 것과 또 다른 신용남의 특징이 발휘된 것이었다. 이때 청량리경찰서 정보과에서 찾아와 방을 만들지 말라고 했다고 한다. 당시 큰엄마집이란 곳에는 문간에 방이 있었고 주방 안쪽으로도 방을 낼 공간이 있었는데, '데모 모의를 하는 곳'을 만들지 못하도록 한 셈이다. 사적 영업에 대한 불법 압력으로, 지금 같으면 고소를 하거나 소송을 걸 일이다. 그런데 그때는 이렇게 일개 경찰서도 무소불위의 권력을 휘둘렀다.

대학원을 졸업한 뒤 신용남은 '민족문화추진회'라고 하는 재단법인에 연구원으로 들어갔다. 고전을 국역하던 곳인데, 신용남이 근무할 당시에는 조선왕조실록의 국역에 집중했다. 신용남이 학창 시절부터 바라왔던 학문에 몰두하면서 그의 능력을 보여줄 수 있는 일이었다. 조선왕조실록의 국역본이 완성된 뒤 그곳을 퇴직한 신용남은 고향인 가평에 돌아가 농사를 지으면서 공부도 하고 있다.

제3부

아아, YH노동조합,
아아, 김경숙

처음 먹은	마음으로	끝까지 간다

(붓글씨 본보기)

임우택은 1976년, 경희대가 후기에서 전기로 바뀐 첫해에 국문과에 입학했다. 1978년 가을에 경희캠퍼스를 침묵 속에서 깨어나게 한 시위를 주동했던 하석태, 신명식과 동기다. 영문과 하석태, 사학과 신명식은 1학년 교양학부 같은 교실에서 공부했기 때문에 서로 잘 아는 사이였다. 그해 가을의 시위는 임우택에게도 커다란 충격이 되지 않을 수 없었다.

경희대학교 학생운동권에서 임우택은 많이 알려진 인물은 아니다. 하지만 그는 1970년대 후반의 경희대학교 학생운동사에서 중요한 위치에 있는 사람이다. 이상희가 처음 조직한 비합법조직에서 76학번으로는 유일하게 계속 활동했기 때문이다. 그리고 비합법조직이 현장 학습과 노학연대를 위해 실시했

던 YH노동조합 야학도 함께했다. 야학교사 가운데 가장 학번
이 높은 사람이기도 했다.

　그는 독실한 기독교인이었고, 문학청년이었다. 기라성같은
문인들을 많이 배출한 경희대 국문과에 입학한 그는 1학년 때
에 문학 동인을 결성하여 활동했고 경희대 교지인 '고황' 편집
위원으로 최상진 편집위원장과 함께 교지 제작을 위해 활동했
다. 최상진은 복학생이었는데, 도중에 쉬어서 임우택보다 무려
6년이나 선배였지만 학년은 한 해 위였다. 임우택은 문학과 사
회현실에 대해 그와 많은 이야기를 나눌 수 있었다.
　2학년이 되어 임우택은 국문학과 과대표로 선출됐다. 3학년
과대표와 함께 학과의 일을 논의하고 2학년 학과생들의 단합과
신입생 환영회 및 학과 활동에 다양하게 관심을 갖게 됐다. 당시
복학생이자 문학에 대한 남다른 열정을 지닌 박남철과 문우로
친밀한 관계를 맺었다. 1977년 하반기에는 박남철과 함께 경희
문학회 창단을 결의하고, 1978년 초에 경희문학회를 만들었다.

　그들은 경희문학회의 문호를 개방하고 다른 과 학생들을 받
아들였고, 매주 토요일마다 시와 산문 품평회를 열었다. 덕분
에 당시로서는 드물게 매우 활발하게 움직이는 서클이 됐다.

3학년에 회장 박남철, 부회장 임우택, 2학년 정해랑이 함께했고 1학년 안재찬(필명 류시화), 박덕규, 이문재, 김정숙(필명 김형경), 이혜경 등이 창작과 열띤 토론으로 문학 활동을 했다. 하지만 임우택은 왠지 채워지지 않는 갈증을 느꼈다. 1970년대 후반 억압적이고 암울한 현실 속에서 문학의 역할은 무엇일까, 그는 고민했다.

그러던 차에 3학년에 복학한 선배 이상희를 만나게 되었다. 이상희는 그에게 적지 않은 영향을 주었다. 임우택의 초·중학교 친구이자 교회 동기인 오수현이 장청(예수교장로회 청년회)과 기독청년협의회(EYC)에서 활동하고 있었는데, 선배 한 분이 복학할 것이니 인사를 드리고 잘 지내라고 전했다. 이상희는 민청학련 사건으로 구속됐다가 강제징집을 당한 뒤 그해에 복학한 것이었다. 그는 수업에 잘 들어오지 않았다. 외부 활동을 많이 하기 때문에 그런 모양이었다.

학기 초 얼마 동안은 그와 대화를 나눌 기회가 많지 않았다. 임우택은 이상희에게서 이전에 보던 선배들과는 다른 모습을 발견했다. 그는 반민주적이고 억압적인 현실 앞에서 투쟁의 필요성을 분명히 했다. 싸움을 통해 문제를 드러내고, 문제를 해결할 수 있다는 논리였다. 매우 조심스럽게 말했지만 그의 말은 논리적이고 실천적이었다. 시국을 분석하고 명석하게 정리하는 능력이 있었고 이를 위해 무엇을 해야 하는지 설계를 명확하게 하고 있었다.

당시 경희대 학생들에게 시위는 먼 나라 이야기였다. 1977년 연세대에서 신촌로터리까지 진출하는 시위가 있었고, 고대와 서울대에서도 시위가 있었지만, 철저한 언론 통제로 아는 사람만 아는 이야기였다. 1975년 이후 시위가 사라진 캠퍼스에서 사회현실을 걱정한다고 하는 사람들도 시위 이야기는 꺼내지 않았다. 정부를 성토하다가도 그래서 어떻게 해야 하냐고 물으면 그냥 입을 다물어버렸다.

그런데 이상희는 달랐다. 시위를 해서 학교 분위기를 바꾸어야 한다는 것이었다. 처음에 그의 말을 들었을 때는 그냥 그런 소리려니 했다. 그런데 몇 차례 대화를 하면서 자꾸 흔들리는 마음을 느꼈다. 그러던 그해 가을, 하석태와 신명식이 시위를 벌이고 한바탕 학내를 뒤집어 놓은 뒤 구속됐다. 현장은 목격하지 못했지만 뒤늦게 이야기를 전해 들은 임우택은 무척 괴로웠다. 얼마 뒤 이상희가 함께 공부하는 모임을 갖자고 했다. 피할 수 없는 일이었다.

임우택은 이상희의 제안에 따라 비합법조직에 들어갔다. 76

학번으로 구성된 팀이었다. 이상희가 함께했다. 그는 이청준의 '조율사' 이야기로 구성원들을 설득했다. 맨날 조율만 하면 뭐 하냐는 것이었다. 결국 행동의 필요성을 강조한 것이다. 그때 구성원들은 거의 문학, 미술 등 예술과 관련된 사람이었다. 당시는 물론 이후에도 한참 동안 의식화 교재 1번으로 여겨진 『전환시대의 논리』를 함께 공부하기로 했다.

그러나 76학번 팀은 그리 오래가지 못했다. 동료의 시위를 보고 흥분한 마음으로 동의는 했지만 제적되고 구속되는 것이 뻔한 일인데 계속하기에는 부담이 컸을 것이다. 얼마 안 가서 모임에 나오는 사람은 임우택 한 사람만 남았다. 다른 사람들은 만나려고 해도 피하기 일쑤였다. 결국 다른 학년들의 모임에 합류하기로 했다. 알고 보니 77학번도 두 명, 78학번도 세 명만 남았다고 했다.

이들을 모두 한 팀으로 해서 만남을 갖게 됐다. 이때 임우택은 경희문학회에서 친하게 지내던 같은 과 후배 정해랑(국문 77)을 만났다. 두 사람은 서로 깜짝 놀랐다. 둘 다 문학을 하는 사람인 줄로만 알았지, 학생운동을 위한 비합법조직에서 만나게 될 줄은 몰랐기 때문이었다. 둘은 의기투합했고, 이후 백발이 성성한 지금까지도 함께 활동하고 있다.

새롭게 한 팀이 된 비합법 비공개 서클은 함께 합숙을 하면서 이론과 실천의 수준을 높여 갔고, YH노동조합의 조합원들을 대상으로 하는 동일교회 야학도 진행했다. 임우택은 야학 학생들인 노동자들에게 엄청난 영향을 주었다.

이듬해 1월 임우택은 야학을 마치고 밤늦게 집으로 귀가하다가 불의의 사고를 겪었다. 집 근처의 골목에서 한 청년이 소아마비 청년을 구타하는 장면을 목격했는데, 청년은 피투성이가 되어 바닥에 쓰러져 있고 보행 보조기는 내팽개쳐져 있었다. 임우택은 생각할 겨를도 없이 달려들어 말렸으나 오히려 자신을 한 패거리로 알고 달려드는 청년과 싸움으로 번지고 말았다. 유도로 단련된 임우택은 덩치 큰 청년을 제압했고 그는 도망을 갔다. 임우택은 땅에 쓰러져 있는 장애인을 업고 그를 집에 데려다주러 가다가 도망간 청년의 형제들에게 붙들려 고소를 당했다. 이때 싸움 중 입힌 상해로 불구속 입건이 됐고, 이로 인해 야학활동을 중단하게 되었다. 그리고 등록금을 합의금으로 대신하는 바람에 진급을 하지 못하고 휴학을 하게 되었다. 휴학계를 제출하고 석 달 후 군에 입대하라는 입영통지서가 날아왔다.

군 입대를 앞두고 임우택은 79학번 신입생들과 함께하는 대성리 MT를 준비했다.

'우리 사회의 민주주의와 건강한 공동체 문화를 구축하는 지식인으로 성장하기 위해 우리 대학생이 해야 할 일과 공부는 무엇인가.'

혼자서 보트의 노를 저어 북한강을 건너 MT 장소를 예약하고 학우들과 함께 밤을 지샌 시간은 군 입대 전 맡았던 마지막 역할이었다. 야학에서는 근로자의 날(3월 10일)을 맞아 '금관의 예수' 등 두 번의 연극 공연을 했다.

1979년 4월, 경희대 비합법조직은 YH노조 야학에서 철수했다. 새 학기 학생운동에 전념하기 위해서였다. 원래 이상희는 야학을 비합법조직 구성원들을 단련시키는 코스의 하나로 생각했다. 임우택도 철수 방침에 따랐지만 매우 안타까운 마음이었다. 그 뒤 YH노조가 폐업을 반대하며 공장과 기숙사에서 농성을 했고, 경찰의 폭력적 진압에도 승리했다는 소식을 들었다. 야학을 했던 여성 노동자들과 강학(야학 교사)들은 함께 행주산성으로 야유회를 갔다. 그것이 이 사람들과 마지막 만남이었다. 그해 8월에 노조는 폐업 반대를 위해 신민당사 점거 농성에 들어갔고, 경찰의 강제 폭력 진압으로 해산되고 연행되었다. 그 과정에서 조합 대의원이자 야학에 다녔던 김경숙 열사가 의문의 죽임을 당했다.

임우택은 그해 8월 중순, 군에서 후반기 교육을 받다가 식당으로 가는 중 스피커에서 들려오는 김경숙이란 이름을 들었다. 경찰의 폭력 진압 과정에서 사고를 당한 것이다. 그는 걸음을 멈추고 뉴스에 귀를 기울였다. 의문의 죽음이었다. 임우택은 야학에서 함께 공부하며 명랑하게 활동하던 그녀의 모습을 떠올리며 슬픔과 분노에 젖었다. 인권을 존중받지 못하는 불평등한 세상에서 고귀한 생명이 희생된 것이다. 당시 우리 사회의 단면이었다. 비록 몸은 군에 있어서 아무것도 할 수 없었지만, 그는 제대한 뒤 살아가는 동안에 그녀가 간직했던 사랑과 꿈, 그 뜻을 기억하고 함께 소망했던 세상을 만드는 데 작은 밀알이 되겠노라 다짐했다.

3년 후인 1982년, 임우택은 제대를 하고 4학년으로 복학했다.

학교 상황은 많이 변해 있었다. 이상희는 울산에 내려가서 시민운동을 하고 있었고, 함께 비합법조직을 했던 사람들은 모두 제적당하고 감옥에 갔다. 1979년부터 커진 조직에는 임우택이 일할 공간이 없을 듯했다. 하지만 학내 분위기는 휴학 전과 다름이 없었다. "독재정권 물러가라!" 구호 몇 마디 외치지도 않았는데 잠복해 있던 형사들이 달려들어 학생들을 끌고 갔다.

다행히 같은 과에 마음이 통하고 같은 뜻을 지닌 후배 오정훈이 있었다. 그는 학내에서 일어나는 여러 가지 일과 활동 사항을 전해 주었다. 교직을 이수한 임우택은 졸업과 동시에 집에서 멀지 않은 정의여자고등학교에 부임했다. 정의여고는 독립운동가가 세운 학교로, 초대 이사는 함석헌 선생이었다.

교사가 되고 얼마 지나지 않아 교육민주화 선언이 있었고, 서울지역 교사들의 모임인 교사협의회가 생겼다. 임우택은 혜화동 성대 앞에서 교사모임을 시작했고, 동북부지역 교사협의회에서 사립교사 조직의 중심적인 역할을 했다. 후배인 오정훈 선생에게도 교육운동을 권유해서 함께 활동했다. 전국교직원노동조합(전교조)이 창립되었고, 북부사립지구가 결성됐다. 오정훈이 초대 지구장, 임우택은 2대 지구장을 맡았다. 임우택은 또한 정의여고 조합원 36명으로 구성된 분회장이기도 했다.

1,600명이 넘는 교사가 일거에 해직됐다. 당시 북부사립지구 지구장이자 은주여중 교사였던 오정훈도 해직됐다. 정의여중고 삼산학원에서도 정의여고 분회장 임우택과 정의여중 분회장 이건 교사 징계를 위한 이사회가 열렸다. 다행히 원로 이사인 오병수 목사가 부당한 해직 압력에 응할 수 없다고 극구 반대하여 해직되지 않았다. 전국에서 계성여고와 함께 단 두

학교만이 당국의 부당한 요구를 거부했다. 덕분에 임우택은 퇴직할 때까지 현직 교사로 전교조 활동을 할 수 있었다.

전교조 사립지회와 서울북부지역에서 활동하면서 지역의 많은 뜻있는 사람들과 만나게 됐다. 임우택은 퇴직 후에도 학교 다닐 당시에 가졌던 처음 마음 그대로 지역 내 활동을 계속하고 있다. 퇴직 후 여러 해 동안 전교조 퇴직교사 모임인 서울참교육동지회 부회장을 맡았으며 지금은 운영위원으로 활동하고 있다. 강북구 혁신교육지구 민간 대표인 지역분과장을 맡아 마을 교육을 위해 노력하기도 했다.

2019년에는 3.1운동 100주년을 맞아 지역민회가 결성됐다. 임우택은 우리나라 최초의 기초단위 민회인 강북민회를 앞장서서 만들었고, 추첨을 통해 부의장이 되었다. 아울러 강북혁신지구 지역분과장을 맡았으며, 3.1민회에서도 교육분과 위원장을 거쳐 운영위원으로 활동하고 있다.

현재 임우택은 강북구 삼양동 주민자치회 자치위원 및 교육문화예술 분과장으로 활동하고 있다. 일흔이 다 된 나이에도 이런 활동을 지속할 수 있는 힘은, 처음 먹은 마음에서 나오는 것이리라. 또한 그동안 함께했던 수많은 동지들과 YH노조 야학에서 만난 노동자들 특히 김경숙 열사의 마음을 간직하고자

함이 아닐까 싶다.

임우택은 오늘도 삼양동 이곳저곳과 집회 현장 등을 다니면서 이 땅의 민주주의와 원래 한 핏줄인 남과 북의 형제자매가 한 가족으로 만나 사랑을 나누는 통일 세상을 꿈꾸며 대학 시절에 가졌던 처음 마음을 지켜 나가고 있다.

유신체제에

저항하기 위해

붓을 꺾은 문학 청년

정혜란(국문 77)

유신체제에서는 많은 청년이 자신의 길을 포기했다. 정해랑도 그런 청년 중 한 사람이었다. 경희대 학생운동에서 언제나 중심 역할을 했기 때문에 후배들은 그가 문학의 꿈을 품고 경희대 국문과에 들어온 사람이라는 것을 잘 모른다. 하지만 70년대 후반 함께 학교를 다닌 사람들은 그를 '문학하는 사람'으로 기억한다.

그는 유신정권에 정면으로 맞서기 위해 붓을 꺾었다. 피지도 못하고 진 꽃이었다. 동기인 신용남(사학 77)을 만난 뒤의 일이다. 술이 한잔 들어가면, 지금으로서는 우스울 만한 이야기들을 고민이랍시고 함께 나눴다. 그러던 어느 날 신용남이 주세영(지리 75)을 소개해주었다. 학교 앞의 유일한 클래식 음악다

방이었던 경희다방에서 그를 처음 본 정해랑은 자신이 모르는 세계에 사는 사람도 있다고 생각했다. 이어서 신용남과 함께 간 곳이 기러기(흥사단아카데미)에서 하는 세미나였다.

E. H. 카의 '역사란 무엇인가'를 가지고 세미나를 했는데, 이후 비합법조직에서 함께 활동한 오인택, 윤종천 그리고 그해 가을 시위의 주역인 하석태 등을 그곳에서 만났다. 무엇보다 그의 인생에 커다란 영향을 준 사람도 만났다. 이상희였다. 당시 경희대에서는 책깨나 읽었다고 하는 사람들이 모여서 이런저런 이야기를 '아카데믹하게' 했는데, 이상희는 이와 달리 학생들이 사회에 기여해야 한다는 점을 계속 강조했다. 완곡하지만 그 뜻은 결국 시위를 해야 한다는 것이었다. 정해랑은 그때까지만 해도 그저 그러려니 했을 뿐 그것이 자신의 일이 되리라는 생각은 추호도 하지 않았다.

1978년 9월 어느 날이었다. 정해랑은 신용남과 함께 술을 마셨다. 1차, 2차, 3차까지 마신 것 같다. 신용남은 그때 '가라 모세'라는 노래를 연이어서 불렀다. 처음 듣는 노래였다. 모태신앙인 정해랑은 어려서부터 모세 이야기를 많이 듣고 자랐다. 그런데 신용남이 부르는 '모세'의 노래는 심상치 않게 들렸다. '가라 모세 내 백성 애굽땅에서 해방시키라'라는 구절을 부를 때 신용남은 모세가 된 듯 비장한 표정이었다.

마지막에 함께 술을 마신 곳은 당시 회기동에서 학생들 사이에 유명했던 작작은집이었다. 문을 들어서기 전 신용남은 정해랑에게 "너에게 문학관이 있다면 나에게는 역사관이 있다"라고 말했다. 정해랑은 무언가에 얻어맞은 듯한 느낌을 받았다. 바로 전 술집에서 정해랑은 사회적 실천을 강조하는 신용남에게 "나는 문학관이 있다"라고 말했다. 신용남은 주로 듣기만 했다. 그런데 그에 대한 답을 다음 술집에 들어가기 전에 한 것이다.

며칠 뒤, 교련 행군이 있는 날이었다. 국문과 동기가 '신용남이 오늘 시위를 할 것'이라고 알려주면서 그가 소리를 치면 따라서 하라고 했다. 도대체 실감이 나지 않는 말이었다.

실제로 총장이 연단에 서서 뭔가 연설을 하고 있을 때 신용남이 총을 집어던지며 "유신헌법 철폐하라"를 외쳤다. 뒤에 섰던 동기가 정해랑의 등을 쳤다. 하지만 정해랑은 꿈쩍도 하지 않았다. '따라 한다면 자기가 할 것이지, 왜 나에게 하라고 하는 것인가' 하는 불만도 있었지만, 전혀 예상하지 못한 상황에서 겁도 났다. 아니나 다를까 신용남은 아무도 호응하지 않는 상태에서 형사로 보이는 자들과 학생과 직원들에 의해 그야말로 개같이 끌려갔다.

그날 행군을 하면서 정해랑은 최인훈의 소설 광장에서 이명준이 하던 말을 떠올렸다.

"조국의 하늘은 지랄같이 곱기만 하구나."

정말 소풍 가기에 딱 좋은 맑은 날씨였다. 그런 날에 친구는 어딘가로 끌려갔고, 남은 학생들은 교련복을 입고 총을 들고 차도로 행군을 했다.

그날 저녁 학교 앞 술집은 만원이었다. 하지만 정해랑은 술을 마시러 가지 않고 집으로 갔다. 아무 일도 없었다는 듯 굴러가는 세상이 원망스러웠다. 집에서 사흘을 누워 있었다. 머릿속에는 언젠가 텔레비전에서 보았던 아프리카 초원의 광경이 쉴 새 없이 떠올랐다. 얼룩말 떼가 사자의 습격을 받고 흩어졌다가 그중 한 마리가 잡혀서 먹히는 동안 다시 아무 일도 없었다는 듯 풀을 뜯는 장면이었다.

이날 이후 정해랑은 이른바 운동권이 됐다. 이전에는 그냥 흉내만 낸 것이었다. 한 달쯤 뒤에 신용남이 시위를 하던 날 정해랑에게 구호를 따라 외치라고 했던 친구가 누군가를 소개해 주겠다고 했다. 학교에서 조금 떨어진 회기사거리 부근에 있는 켄터키다방에서 기러기 세미나에서 봤던 오인택(법학 77)을 만났다. 그를 통해 이상희를 만났고 2학년 팀을 만났다. 오인택을 비롯해 사학과 두 명, 약대, 법대 그리고 정해랑까지 모두 여섯 명이었다.

리영희 선생의 책 『전환시대의 논리』로 공부를 시작했다. 이전에도 읽었지만 함께 모여 이야기를 나누니 새로이 느껴지는 바가 많았다. 공부를 하다가 이상희가 실제 행동을 제안했다. 유인물을 살포하자는 것이었다. 절대로 잡혀서는 안 되고, 부담을 줄이기 위해 학교 재단을 비판하는 내용으로 하자고 했다. 정해랑이 유인물 내용을 썼다. 철필로 '가리방'(줄판)에 긁고 등사기로 밀어서 유인물을 만들었다. 첫 번째는 유인물 작업이 잘 되지 않아서 오인택의 친구 집으로 장소를 옮겨서 다시 작업했다. 약속된 날 아침에 학교 여기저기, 주로 화장실 등에 유인물을 뿌렸다.

학교가 발칵 뒤집혔다. 하지만 누구도 잡히지 않았다. 정해랑은 다시 겁이 덜컥 났다. 앞으로 정권 반대 유인물을 뿌리거나 시위를 한다면 어떻게 되는 것인가? 집 생각도 났고, 어머니 생각을 하면 가슴이 먹먹해졌다. 모임에 안 나가기 시작했다. 다른 친구도 잘 안 나와서 모임이 제대로 진행되지 않았다. 그런데 이런 걸 운명이라고 하는 걸까? 학교를 나서다 교문 앞에서 이상희를 만났다. 둘이 같이 라면집에 들어가서 라면을 먹었다. 정해랑은 집안도 어렵고 해서 돈도 벌어야 하니 앞으로 못하겠다고 했다.

이상희는 직설적으로 말했다.

"그건 다 핑계다. 유인물을 한 번 뿌린 뒤 겁이 난 거다. 그것을 극복해야 한다."

그 말이 정해랑의 자존심을 상하게 했다. 하지만 이상희의 말에 동의하지는 않았다. 실제로 정해랑은 등록금을 낼 때마다 힘들었다. 당시는 등록금 대출 제도도 아주 제한적이었고, 본인 부담도 있었다. 심지어 3학년 1학기 등록금은 과 동기가 대신 내줄 정도였다. 하지만 이상희의 말대로 겁이 난 것이 진실에 가까운 것이었으리라.

또다시 운명은 정해랑을 '운동'으로 몰아갔다. 학과 사무실에서 평소 거기 자주 오지 않던 이상희를 또 만난 것이었다. 이상희는 "그날 네가 한 말 때문에 라면이 체해서 며칠 고생했다"라고 하면서 함께 합숙을 하자고 제안했다. 공부를 하면 좀더 다른 생각을 할 수도 있을 것이라는 이야기였다. 정해랑은 더 이상 거절하기도 힘들었을뿐더러 체했다는 말에 마음이 흔들렸다. '이 사람도 감정에 흔들리는구나' 하는 생각을 했다. 신용남이 들어가기 전에 이상희에게 징역도 제적도 겁이 안 나는데 맞을 것 생각하면 겁이 난다는 말을 했었다고 하는데, 그 말도 정해랑을 움직였다. 누구나 겁이 나고, 피하고 싶은 것이다. 그 것을 이겨내야 한다, 그런 마음으로 흔쾌하지는 않지만 비장한 생각으로 이상희의 제안에 동의했다.

2학년 팀은 와해되었고, 합숙은 1, 2, 3학년 모두가 모여서 하기로 했다. 거기서 경희문학회에서 친하게 지냈던 1년 선배 임우택을 만났다.

이 합숙이 정해랑으로 하여금 돌이킬 수 없는 길을 가게 했다. 더욱이 YH노동조합의 조합원들이 하는 동일교회 야학을 하면서는 더 이상 망설임이 없었다. 이듬해에는 3학년이 되어 새로이 들어온 1학년생들을 지도하면서 언제 그랬냐는 듯 오히려 후배들을 이끄는 사람으로 변모했다.

1979년은 사건도 많고 여러 가지로 정국이 불안정했지만 그 전해에 비해 시위는 많지 않았다. 다른 학교도 마찬가지였다. 경희문학회 회장이 된 정해랑은 서클을 민중문학을 하는 곳으로 만들려고 노력했다.

여름방학이 되자 YH노조 신민당사 점거농성 사건이 일어났고, 동일교회 야학을 했던 김경숙 열사가 의문의 죽임을 당했다. 이 사건은 정해랑을 엄청 괴롭게 만들었다. 하지만 당시는 시위를 조직하기에는 학내 사정이 여의치 않았다. 그러던 차에 개학하자마자 윤종천(토목 78)이 유인물 살포라도 해야 하는 것 아니냐는 제안을 했다. 처음에는 반대하였지만 간곡한 그의 요청에 정해랑은 결국 둘이만 알고 하자고 동의했다.

인천시 계산동의 정해랑 집에서 유인물을 만들어 학교에 살포했다. 2학년 때 하던 방식이었다. 내용만 시국 비판으로 바뀌었다. 그런데 이번에는 청량리경찰서가 대대적인 수사를 벌였다. 주로 신문사 사람들이 끌려가서 엄청나게 당했다. 그 과정에서 윤종천이 드러났고, 그때까지 정보당국에서 전혀 모르던 정해랑까지 파악되어 연행됐다. 유인물을 뿌린 뒤 일주일 만에 두 사람은 검거되었고, 청량리경찰서에 구속됐다. 당시 정해랑은 강의실에서 도시락을 먹다 학생과로 불려가서 경찰서로 연행되었는데, 그것 때문에 이듬해 '서울의 봄' 때는 '도시락 먹다 끌려간 학생'으로 불리기도 했다.

청량리경찰서를 거쳐 성동구치소에 들어간 정해랑은 기소가 되었지만 10.26사건이 나면서 그해 12월 6일에 구속집행정지로 풀려났고, 긴급조치 해제에 따라 면소판결을 받았다. 이듬해 복학을 한 뒤에는 복학생의 일원으로 학내 문제에 깊숙이 개입했다. 주로 유인물을 쓰는 작업을 한 그는 5.17계엄 확대로 휴교가 되고 많은 사람들이 수배자가 되었을 때 공식조직에 없었고 시위현장에 나서지 않았기 때문인지 수배가 되지 않았다. 하지만 그는 그런 사실을 모른 채 당연히 수배가 된 줄 알고 다른 동료들과 함께 피해 다니면서 유인물 살포 작업을 했다. 그것 때문에 결국 또 다시 구속이 되었다가 기소유예로 출소했다.

그해 8월 31일, 전두환이 '유신헌법'에 따라 대통령이 됐다. 가장 오랫동안 휴교를 했던 경희대가 가장 먼저 개강을 했는데, 제일 먼저 치고 나가자는 논의가 있었다. 이상희, 하석태와 정해랑이 주로 논의를 하였는데, 제적이 된 정해랑이 주동이 되어서 조직을 하기로 했다. 역시 제적이 된 김경과 무기정학 박병식, 유기정학 정형서가 조직 대상이었다. 김경과 박병식은 정해랑이 제안을 하고, 정형서는 이상희가 제안하기로 했다. 정형서는 그의 형 정광서가 긴급조치 때 구속되었고, 1980년에도 바로 구속됐다 풀려난 상태였기 때문에 부담이 있을 수 있어서였다.

논의가 진행되는 중에 이상희가 시위를 좀더 크게 하기 위해 2학년도 투입하자고 제안해서 최낙범, 김재관이 추가됐다. 사실은 그 외에도 징계를 받은 사람 여럿이랑 함께하자고 정해랑이 제안하였는데, 그 많은 시위 학생 중에서도 비합법 비공개

조직에 속하지 않았던 사람들은 다 고사했다.

1980년 9월 9일 경희대에서 전두환이 대통령이 된 뒤 첫 데모가 있었다. '살인마 전두환을 민족의 이름으로 처단하자'라는 제목의 유인물은 정해랑이 쓰고, 김경이 필사를 해서 최낙범의 집에 모여 등사를 했다. 김경만 집으로 갔다 다음 날 아침에 만났고, 나머지는 최낙범의 집에서 잤다. 정해랑은 이 시위의 여파가 더 이상 번지는 것을 차단하기 위해 현장에 가지 않고 피신하는 것으로 합의했다.

전두환이 대통령이 된 뒤 벌인 첫 번째 시위라는 의미가 컸지만, 성공적인 시위는 못 됐다. 하지만 김경이 동맥을 절단함으로써 상당한 파급력을 주었다. 동맥 절단은 전적으로 김경 개인이 결단해서 한 일이었고, 나머지 사람들은 사전에 전혀 알지 못했다.

이후 정해랑은 1년 6개월간 도피생활을 하다 1982년 2월에 검거됐다. 성동구치소, 영등포교도소, 수원교도소를 거쳐 이듬해 8월에 석방됐다. 이후 출판사 생활을 잠깐 한 뒤 2년 후배들 몇 명과 함께 성수지역을 거쳐 성남에 있는 공장에 취업했다. 거기서 노조결성모임을 주도하고 파업을 이끌다 해고됐다. 이후 성남지역에서 생존권확보투쟁위원회(생투위)를 결성하고 활동하다 수배가 됐다. 이후 몇 차례 정보기관에서 수배가 됐다가 문민정부가 들어선 뒤 해제됐다.

정해랑은 그 뒤 노량진에 있는 한샘학원(이후 비타에듀학원) 종합반에서 근무했다. 그 기간에 경희총민주동문회 부회장과 2대 회장을 맡아 민주동문회 일을 했고, 지금은 경희민주기념 사업회 이사장을 맡고 있다. 학원에서 은퇴한 뒤에는 다시 운동 일선에 나서서 주권자전국회의, 전국비상시국회의 등에서 일하고 있다. 한편 유신체제 때 꺾었던 붓을 다시 들어 '공주와 도둑들' '멧돼지의 일장춘몽'이라는 풍자시집을 출간하였으며, 인터넷 언론인 통일뉴스에 소설 '노동자 신돌석씨의 하루'를 연재하고 있다.

서울의 봄의

스타 탄생

1980년 이른바 '서울의 봄' 때 경희대학교를 다니면서 총장 사퇴 농성에 참여해본 사람이라면 날씬하고 잘 생긴 사람이 농성하는 학생들에게 노래를 가르치는 장면을 기억하고 있을 것이다.

그해 4월 1일 법대에서 시작된 농성이 40일 가까이 이어지면서 시위 학생들이 함께 부를 노래가 절실하게 필요했다. 지금처럼 민중가요가 많이 있는 것도 아니었고, 시위에서 부르기에 적합한 대중가요가 있는 것도 아니었다. 그러다 보니 시위할 때 '진짜 사나이' '우리의 소원' '기다리는 마음' 등을 개사해서 부르는 게 고작이었다.

물론 당시에도 민중가요가 없지는 않았다. 노래패가 있는 학교에서는 민중가요를 많이 불렀다. 경희대에서도 당시 대학가요제 등에서 유행하던 노래를 개사해서 농성 때 함께 부르기도 했다. 예를 들어 '내가' 같은 경우가 그랬다. 하지만 대다수 학생은 민중가요를 몰랐고, 개사한 노래도 함께 부르기에 어색한 면이 있었다. 그래서 민중가요 중에서 쉬운 것들을 농성 참여자들에게 가르쳤는데, 요즘 말로 하면 비주얼도 괜찮고 노래도 잘 부르는 윤종천이 그 역할을 맡은 것이었다.

덕분에 윤종천에게는 엄청나게 많은 여학생 팬이 생겼다. 그렇다고 해서 그가 연예인 기질이 있는 사람인 것은 아니었다.

그는 그 전해에 유인물을 배포하다 구속되고 제적된 경력이 있는 복학생이었다. 부산 동인고등학교에 다닐 때부터 흥사단 활동을 하면서 사회과학 서적을 많이 읽었고 사회현실에 대해 깊은 고민을 했다. 그가 경희대에 입학한 1978년에 마침 흥사단아카데미가 기러기라는 이름으로 등록 서클이 되었다. 그리고 거기서 세미나를 공개적으로 하였다.

윤종천은 그 세미나에서 많은 선배를 만났다. 특히 회장이었던 하석태(영문 76)가 시위를 주도하고 구속되면서 윤종천의 고민은 한층 깊어졌다. 같은 서클에 있던 오인택으로부터 1학년 비합법 비공개조직을 만드니 참여하라는 제안을 받았을 때 그는 별로 망설임 없이 참여하였다. 그런데 다른 학년 조직과 마찬가지로 78학번 조직도 세 명만 남기고 다들 이탈하였다. 그리고 1, 2, 3학년 조직을 하나로 합쳐 합숙을 한다고 했을 때 윤종천은 서슴없이 자기 하숙방을 제공했다. '하숙방'이지만 방학 때는 비워두는 곳이라 거기서 자취를 하겠다는 제안을 하숙집 주인도 쉽게 승낙했다.

비합법조직은 이상희(국문 72), 임우택(국문 76), 오인택(법학 77), 정해랑(국문 77), 윤종천(토목 78), 정형서(의대 78), 박영철(치대 78)이 남았다. 그해 겨울 박영철은 방학이 되면서 개인 사정으로 고향집에 내려갔고, 이상희를 제외한 다섯 명이 합숙을 했다. 여러 가지 책을 읽고 공부했는데, 주 교재는 최문환이 쓴 『민족주의 전개과정』이었다. E. H. 카의 『역사란 무엇인가』도 주로 공부한 책이었다. 불과 몇 년 뒤를 기준으로 생각해 보아도 공부 수준은 낮은 편이었다. 하지만 군사독재와 싸우겠다는 의지가 불타고 있었다. 무엇보다 다섯 사람은 이후 제적과 투옥을 불사하겠다는 결의를 다지며, 다음 해에 경희대 학생운동을 어떻게 활성화시킬 것인가를 함께 논의하였다.

합숙을 하는 동안 이들의 중요한 활동 중 하나는 하석태, 신명식, 신용남의 재판 방청이었다. 성북지원(지금의 북부지법)에서 열리는 공판을 방청하면서 이들은 세 사람의 의연한 모습을 통해 많은 것을 느끼고 배웠다. 재판정에 선 세 사람은 최후 진술에서 재판장을 군사정권의 꼭두각시라고 부르며 군사독재의 부당성과 자신의 정당성을 당당하게 주장했다. 아울러 변론을 맡은 고 홍성우 변호사의 심문이나 변론도 많은 생각을 하게 만들었다.

윤종천은 선배들의 법정투쟁을 보면서 자신에게도 머잖은 날에 생길 일이라는 자각이 왔다. 재판 방청은 윤종천을 비롯한 동료들에게 중요한 학습의 하나였고, 이후 자신의 삶에 대한 결의를 다지는 계기가 되기도 하였다

합숙 도중에 이상희가 YH노동조합을 상대로 야학을 하자고 제안했다. 이상희는 당시 기독청년협의회(EYC) 부회장으로 사회선교협의회나 도시산업선교회에서 활동하는 사람들을 통해 YH노동조합과 긴밀한 관계를 맺고 있었다. 그들과 이야기가 되어서 야학을 하게 된 것이다.

또 하나의 중요한 변수는 이 교회 조성기 전도사가 이런 활동을 매우 적극적으로 지원한다는 점이었다. 그는 어려서부터 그 교회에 다녔던 사람으로 교회 내에서 신망이 두터웠다. 또한 그는 민청학련 세대로서 학생운동에 참여하지 못한 것에 대

한 부채의식을 지니고 있었다.

동일교회는 보수적인 장로교회였다. 정치문제나 사회문제를 전혀 다루지 않았을 뿐 아니라, 노동문제에 대해서는 관심이 없고 오히려 일방적으로 자본가 편을 들 수도 있는 교회였다. 물론 지금의 많은 대형교회들처럼 부패하고 극우적인 성격을 지니는 교회는 아니었다. 당시만 하더라도 교회는 내면적으로는 극우반공사상을 지니고 있어도 그런 문제에서 초연한 듯한 태도를 취했고, 신도들 상당수는 그래도 가난한 사람에 대한 사랑을 실천하겠다는 마음이 어느 정도 남아 있었다. 그러므로 그가 노동자들을 위한 선교를 한다고 할 때 교회는 좋은 일 한다는 정도로 받아들였다. 그런 그가 어린 시절부터 다니던 동일교회에 전도사로 시무하면서 부근에 있는 YH노동조합의 노동자들이 선교회를 만드는 데 지원을 한 것이었다. 그것이 바로 아가페선교회였다. 이 선교회에는 노조의 임원은 없었지만 대의원이 여러 명 있었는데, 그중 한 명이 그해 여름 신민당사에서 의문사를 당한 김경숙 열사였다.

당시 노동자들 특히 섬유계통 노동자들은 강제 잔업, 철야 등을 해야 했기 때문에 신앙심이 독실한 사람도 교회를 다니기 어려웠다. YH무역은 노조가 만들어진 뒤 이런 점은 없었지만 그래도 장시간 노동 끝에 쉬는 날 교회를 가는 것은 쉽지 않았다. 따라서 아가페선교회 사람들은 대체로 신앙심이 깊은 사람들이었다. 그러면서도 노조에 대한 깊은 애정과 신뢰가 있었다.

야학은 철저하게 노동야학이었다. 검정고시 준비가 아니라 노동자로서, 시민으로서 살아가는 데 도움이 되는 공부를 하는 것이었다. 과목은 국어, 영어, 한문, 사회, 음악이었고, 그 외 연극 등의 공연을 하기 위해 따로 연습을 하는 시간도 있었다. 교장은 이상희가 맡았고, 국어는 임우택, 영어는 정형서, 한문은 정해랑, 사회는 오인택, 음악은 윤종천이 맡았다. 그리고 근로자의날(3월 10일)을 비롯해 두 번 연극 공연을 했다.

그해 4월 비합법조직은 동일교회 야학에서 철수했다. 학내 운동을 책임져야 한다는 생각에서 내린 결정이었다. 그리고 얼마 뒤 YH무역이 폐업을 했는데, 노동조합은 이에 항의하면서 공장에서 농성을 하였다. 그 결과는 승리였다. 사측에서 폐업을 철회한 것이었다. 당시 농성 노동자를 끌어내기 위해 공장에 투입되었던 태릉경찰서 형사들은 "YH 쪽을 보고는 오줌도 누지 않겠다"라고 말했다고 한다. 그만큼 노동자들이 처절한 투쟁을 보여준 것이었다.

이 투쟁이 있은 뒤 윤종천을 비롯한 당시 강학들은 행주산성에 야학 학생들과 함께 야유회를 가서 무용담을 들을 수 있었다. 하지만 회사는 여름이 되자 다시 폐업을 단행하였고, 노동조합은 이번에는 신민당사에 기습적으로 들어가서 농성을 벌였다. 당시에 강경한 대여 투쟁을 벌이던 신민당 김영삼 총재와 재야·종교계 인사들이 이들을 지지하였다. 하지만 박정희 정권은 놀랍게도 제1야당 당사를 경찰을 동원하여 침탈하고 농성을 폭력적으로 강제 해산시켰다. 결국 이 무리수는 박정희 유신정권이 몰락하는 계기로 작용하였다.

그 과정에서 김경숙 열사가 의문의 죽임을 당하였다. 윤종천은 엄청난 충격을 받았다. 휴머니스트 기질이 강한 윤종천은 자신의 활동 전반에 회의를 가졌다. 그렇듯 열심히 살아온 한 노동자가 의문의 죽임을 당하고 자본가는 외국으로 도망가는 상황에서 우리가 숨죽이며 활동하는 것이 무슨 의미가 있는지를 묻고 또 물었다. 그때는 학내 시위를 할 여건이 안 된다는 것이 비합법조직의 판단이었다. 윤종천은 가장 말이 통할 것이라 생각되는 1년 선배 정해랑에게 무엇이라도 하자고 제안하였다. 정해랑은 지금은 때가 아니라고 반대했지만 윤종천은 계속 정해랑에게 '무엇인가를 하자'라고 요구했다.

결국 정해랑은 들키지 않는 선에서 유인물을 배포하자고 동의하였다. 단, 조직에 알리지 않고 둘만 아는 일로 하자는 게 조건이었다. 그리하여 둘이 유인물을 제작하고 배포하게 되었다. 두 사람은 정해랑이 윤종천에게 제안한 것으로 입을 맞추었고, 공소장도 그렇게 되어 있지만 사실은 그 반대였던 것이다.

유인물을 배포한 뒤 윤종천 주변 인물 특히 같은 학번의 대학주보사 기자들이 많이 연행되어서 조사를 받았다. 당시에는 구타는 물론 물고문 등도 예사로 벌어졌다. 결국 그들은 윤종천이 그랬을 것 같다고 진술하였고, 1주일 뒤에 윤종천이 연행되고 이어서 정해랑도 연행되었다. 두 사람은 기소는 되었지만 10.26사태가 일어나면서 12월 6일에 구속집행정지로 석방되었고, 곧 긴급조치 9호가 해제되어 면소 판결을 받았다.

이듬해 봄에 복학한 윤종천은 총장사퇴 학내 시위가 장기 농성으로 이어지자 노래를 지도하는 역할을 맡았다. 그에게는 딱 안성맞춤인 일이었다. 그러나 그것 때문에 정보기관에 많이 노출이 되었고, 5.18계엄 확대 때 검거 대상자가 되어 하숙집에서 연행되었다.

그가 끌려간 곳은 당시 치안본부 수사대로 33헌병대가 조사실을 관리하고 있었다. 윤종천은 그곳에서 헌병대한테 엄청난 구타와 기합을 받았다. 윤종천을 비롯하여 거기 들어갔던 사람들은 이구동성으로 차라리 맞는 것이 나았다고 할 정도로 고통스러운 기합을 받았다.

5.18계엄 확대조치가 내려진 뒤 사라진 아들을 찾아 부산에 계시던 어머니가 서울로 와서 빈 하숙방을 지키고 있었다. 자식 사랑하지 않는 어머니가 어디 있을까마는, 주위 사람들의 증언에 따르면 윤종천 어머니의 아들 사랑은 정말 대단했다고 한다. 한창 농성 중이던 때 학교로 찾아와 노래를 가르치는 윤종천을 데리고 가려고 했을 정도였다.

연행되고 며칠이 지난 뒤 수사관들이 증거물을 찾기 위해 윤종천을 데리고 하숙방으로 갔다가 거기서 어머니와 맞닥뜨렸다. 어머니는 윤종천을 붙들고 안 놓아주겠다고 했지만 당연히 수사관들의 완력에 의해 밀려났다. 아들을 태운 차의 트렁크를 치면서 "종천아, 종천아" 하고 동네가 떠나가게 울부짖었다는 이야기가 당시 회기동 일대에 자자하게 퍼졌다.

집행유예로 풀려난 윤종천에게 군 입대 영장이 나왔다. 하지만 강제징집에 응할 수 없다고 생각한 그는 도피생활을 하다 결국 부산에서 검거되어 강제로 입영되었다. 그는 시도 때도 없이 보안사에 불려가는 곤욕을 겪었다. 이른바 '녹화사업'의 전신이라 할 만한 상황이었지만 그는 잘 이겨냈다.

윤종천은 제대한 뒤 1984년 복학 조치에 응하지 않고 인천에 있는 영창악기에 취업했다. 노동운동을 하기 위한 '존재 이전'이었다. 거기서 노조 민주화투쟁을 하다 해고된 뒤 해고자로서 인천지역의 비공개 노동운동조직에서 활동하면서 여러 차례 수배를 당했다.

윤종천은 그 뒤 한양대학교 부근에서 식당을 하면서 당시 한창 투쟁 중이던 총학생회에 무료로 음식을 제공하기도 했다. 그때 학생운동을 했던 한양대 학생들은 리어카에 김밥 등을 싣고 비탈길을 올라 찾아와주던 식당 아저씨를 잊지 못한다고 한다.

이후 고향 부근인 김해와 의정부, 광화문, 서대문 등지에서 장사를 하다, 지금은 용인에서 78학번 동기인 김경과 함께 살고 있다. 슬하에 아들 둘을 두었는데, 그중 하나가 결혼을 하고 자녀를 낳아서 할아버지가 되었다.

1980년 서울의 봄은 겉으로는 화창했지만 살벌한 상황이 준비되던 시기였다. 그 시기에 농성학생들에게 노래를 가르치며 스타탄생을 보여준 윤종천도 이제 어느덧 황혼의 나이에 접어들었다.

제4부

짓밟힌 서울의 봄

돌아온

경희 학생운동의

전설

김용우(염문 71)

김봉우라는 이름은 1970년대 후반 경희대 학생운동사에서
전설과 같았다. 그는 1975년 11월, 긴급조치 9호 이후의 학원
가의 침묵을 깨려고 서울대와 연합시위를 주도했고, 1978년
에는 동일방직 노조 탄압을 규탄하는 투쟁을 벌이다 다시 구
속됐다. 이때 김봉우와 김병곤(서울대 71학번)의 구속에 위기감
을 느낀 청년들이 만든 조직이 민주청년협의회(청협)다. 청협은
1980년대에 결성된 민주화운동청년연합(민청련)의 전신이라고
할 수 있다.

　이뿐만 아니라 김봉우는 서울구치소 옥중투쟁을 이끌어 당
시 금요기도회(이후 목요기도회)에서도 많이 거론됐다. 김봉우
의 옥중투쟁은 함께 구치소 생활을 하던 다른 학교의 많은 후

배들에게 영향을 주기도 했다. 그는 비록 몸은 옥중에 있었지만, 그때부터 경희대 학생운동을 상징하는 사람으로 외부에 많이 알려졌다.

1980년 2월, 복학이 결정되었다. 김봉우는 아직 학기가 시작되기 직전에 긴급조치 9호로 1978년과 1979년에 구속되었던 다섯 사람을 조용히 불렀다. 1978년에 시위를 주동했던 하석태와 신명식, 신용남, 1979년에 유인물 사건으로 구속되었던 정해랑, 윤종천이었다. 이들은 당시 관할이던 성동구치소에 수감되었기 때문에 김봉우를 옥중에서 만나지는 못했지만 다른 긴급조치 위반자들로부터 그의 이름은 많이 들어서 익히 알고 있었다.

김봉우는 1980년의 서울의 봄이 이후 벌어질 엄청난 상황의 조짐이라는 걸 예견하고 있었다. 그래서 준비가 필요한데, 특히 긴급조치 위반으로 구속됐다 나온 젊은 사람들을 조직하는 것이 중요하다고 여겼다. 그들은 어느 정도 단련도 되어 있고 의식화도 되어 있어서 자기가 하는 말을 잘 이해하리라 판단했을 것이다. 서울구치소에서 많은 학생들과 함께 옥중투쟁을 벌였던 김봉우는 이들 또래들과 제일 친화력이 있기도 했다.

당시 그가 다섯 사람에게 했던 이야기들은 지금 보면 그저 그런 이야기라고 할 수도 있지만 당시로서는 상당히 파격적인 것이었다. 주로 항일운동사를 중심으로 한 그의 이야기는 공부를 많이 하지 않았던 다섯 사람에게는 상당히 충격적이었다. 하지만 그는 그 이후 경희대에서 학생운동을 어떻게 할 것인지에 대한 구체적인 이야기는 별로 하지 않았다. 학교에도 자주 나오지 않았다. 그때까지만 해도 그는 학교보다는 밖의 일에 더 바빴던 것 같다.

부산지역 명문고로 알려졌던 경남고 출신이었던 그는 1971년, 삼수 끝에 후기였던 경희대학교 영어영문학과에 입학했다. 그는 학교생활에 별로 관심이 없었다. 주로 사회과학 서적을 탐독했고, 조용히 때를 기다리는 사람처럼 살았다. 삼수를 했기 때문에 입학한 뒤 얼마 지나지 않아 군대에 갔다. 그가 제대했을 때는 민청학련사건이 터지는 등 학원가가 매우 어지러웠다. 그는 복학하자마자 학생운동을 하는 여러 사람을 접촉했다.

그가 복학한 1975년에 경희대에서는 최초로 총학생회장을 직선으로 선출했다. 그리고 이내 4월에 대규모 시위가 벌어져 세 명이 구속되고 10여 명이 제적당했다. 이 시위의 주동이 된 인물들은 주로 당시 4학년들로 그의 1~2년 후배들이었다. 그는 이들과 어느 정도 교류가 있었고, 시위에도 어느 정도 관여했지만 앞에 나서지는 않았기 때문에 무사히 넘어갈 수 있었다.

이어서 서울대 김상진 열사가 할복을 하면서 유신체제에 저항하는 투쟁이 일어났고, 곧이어 긴급조치 9호가 발동됐다. 긴급조치 9호는 긴급한 비상조치를 일상화하는 법령이었다. 박정희 정권은 이로써 학생시위가 무력화되리라고 예상했지만, 5월 22일 서울대에서 대규모 시위가 벌어졌다. 당황한 박정희 정권은 100여 명을 연행해서 구속하는 등 강경한 조치를 취했다.

이 시위 이후 대학가는 일시적으로 조용해지는 듯했다. 하지만 조직은 뿌리 뽑을 수 있어도 운동은 뿌리 뽑을 수 없는 법이다. 유신독재라는 모순이 존재하는 한 투쟁은 사라질 수 없었다.

김봉우는 2학기 들어 서울대에 손을 내밀었다. 이리하여 경희대와 서울대가 연합하는 시위가 기획되었다. 이 시위는 대학가의 침묵을 깨뜨리는 계기가 될 수도 있었지만 안타깝게도 정보당국에 사전 탐지되어 불발에 그치고 말았다.

도피했던 김봉우는 한 달여 만에 검거되었다. 징역을 살고 나온 그는 학교 밖에서 활발한 활동을 전개했다. 당시 그는 동일방직 똥물 투척 사건 등을 적극적으로 폭로하다 긴급조치 9호 위반으로 구속되었는데, 정보당국은 사적인 발언을 문제 삼아

반공법까지 적용하였다. 반공법은 박정희 정권이 만든 악법으로 1981년에 국가보안법에 흡수되어 사라졌다. 이 때문에 김봉우는 박정희가 죽은 뒤 긴급조치가 해제된 뒤에야 출소하게 되었다.

그가 구속된 1978년은 이미 긴급조치 9호가 적어도 대학가에서는 무력화되기 시작한 때였다. 상당히 많은 긴급조치 위반자들이 구치소에 들어왔는데, 대학생 말고도 정치인, 종교인, 학자 등이 있었고, 단순히 정부를 비판하는 발언 때문에 구속된 이른바 '막걸리 긴조'도 있었다.

대학생들은 대부분 학교에서 조직 생활을 하다 들어왔고, 낮은 차원에서라도 이 사회의 근본적인 모순에 대해서 고민하고 있었기 때문에 다른 부류의 사람들과는 얼마간 거리가 있었다. 이럴 때 자신들과 같은 대학생 출신으로 두 번째 징역에 들어온 김봉우는 이들이 믿고 따를 기본적인 조건을 갖추고 있었다. 특히 김봉우가 이들에게 설파하는 항일운동사 등은 많은 공감을 주는 내용이었다.

그해 4월 대대적인 옥중투쟁이 벌어졌다. 서울구치소 측에서 무리한 탄압을 했는데, 그 소식이 밖으로 전해지자 안에서는 단식을 하고 밖에서는 규탄 투쟁이 벌어졌다. 결국 서울구치소 측이 굴복을 하고, 대학생들을 따로 합방을 시켜주었다. 이 과정에서 뛰어난 리더십을 보여준 김봉우가 대학생들의 리더가 되는 것은 자연스런 귀결이었다. 하지만 그것도 오래 가지 못하고 대학생들은 여기저기로 흩어져 징역을 살게 되었고, 김봉우 역시 이감을 가야 했다.

1979년 말에 석방된 김봉우는 이전에 알던 선배들, 동료들과도 소통하고 감옥에서 알았던 후배들을 적극적으로 만나 조직화를 시도했다. 경희대 후배들 가운데 긴급조치 위반자였던 다섯 명을 만난 것도 같은 이유였다.

1980년 서울의 봄이 되고 경희대에서는 총장사퇴 촉구 시위 농성이 한창이었지만 김봉우는 학내에서 뚜렷한 활동을 하지 않았다. 그가 본격적으로 학내 일에 관심을 보인 것은 학내 시위가 어느 정도 끝나갈 무렵이었다.

당시 학내 시위는 '10인 소위'를 공식 지도부로 했다. 단과대학 학생회장 다섯 명 가운데 정경대와 법대 회장만 열심이었고 나머지 세 사람은 소극적이었다. 그리고 학원민주화추진위에서 오인택(법학 77), 박영철(치대 78) 등 세 명이 포함돼 있었다. 복학생 중 두 명은 권혁종(행정 74), 신명식(사학 76)이었다.

이들 중 당시 비합법조직에 속하거나 소통이 되는 사람은 신명식, 오인택, 박영철뿐이었다.

이에 따라 총학생회장 선거가 무산된 뒤 갑자기 터진 총장사퇴 촉구 시위 농성을 주도하는 일이 쉽지 않았다. 더욱이 가장 선배인 이상희(국문 72)와 하석태(영문 76)가 교생 실습으로 지방에 가는 바람에 지도력에는 더욱 한계가 있었다. 그런데 이 때를 맞추기라도 한 듯 김봉우가 학내 시위 농성에 적극적으로 나섰다. 이상희와 마치 임무 교대라도 하는 듯한 상황이었지만 두 사람이 따로 소통을 하거나 논의를 했던 것은 아니었다.

김봉우는 학내 일에 적극적이 되면서 학내 시위를 시국 시위로 바꾸려고 시도했다. 5월에 들어서면서 다른 학교는 이미 가두 진출까지 하는 등 시국 시위를 해나갔는데 경희대는 학내 시위 농성을 끝내지 못하고 있었다. 학내 시위 강경파는 끝까지 싸워서 총장사퇴를 관철해야 한다면서 학내 시위 농성의 종료를 인정하지 않으려 했다.

공식적인 지도부인 '10인 소위'에서 총장사퇴 시위 농성의 종료를 선언한 뒤, 농성에 적극 참가했던 사람들은 야유회를 다녀왔다. 김봉우는 여기에 참가하여 선배로서 자리를 굳혀 가기 시작했다. 이어서 학교 앞 동해반점이라는 중국집에 20여 명이 모여서 시국 시위를 논의했다. 당시 무슨 구체적인 논의가 된 것은 아니었건만 김봉우는 이 때문에 계엄법 위반으로 실형을 선고받았다.

김봉우는 학내 비합법조직의 핵심이었던 사람들과 함께 시국 시위를 벌일 준비를 했다. 크라운관에서 첫 시국대회를 열었는데, 비가 오는 날이었다. 그다지 성공적이지 못했다. 모인 학생들은 학교 정문 앞까지 나가 시위를 하고 해산했다. 이튿날에는 학교 분수대 앞에서 시위를 하기로 했는데 학생들이 별로 모이지 않았다. 실패인가, 하는 순간 법대와 한의대에서 학생들이 몰려나오면서 갑자기 분위기가 바뀌고 시위가 이루어졌다.

교문 앞까지 나간 학생들은 제지하는 경찰을 뚫고 진출을 시도했다. 그러자 경희대에서 5년 만에 최루탄이 터졌다. 1980년대 시위에서 경찰이 쏜 최루탄에 비하면 상당히 약한 것이었음에도 학생들은 눈이 쓰리고 기침이 나서 고통스러워했고, 오히려 그 바람에 다시 전투의지가 타올라 보도블록을 깨 경찰을 향해 던지기 시작했다. 얼마간 공방이 벌어진 뒤 그날은 그 정도에서 마무리했다.

이튿날에는 좀더 많은 학생이 모였다. 공방 끝에 경찰이 물러섰고, 학생들은 회기동 사거리 근처까지 나갔다. 그날 저녁에 전두환의 쿠데타설이 돌았고, 광화문 앞에서 시위를 할 거라는 소식이 학생들 사이에서 퍼졌다. 경희대생들도 세종문화회관 앞으로 갔고, 그곳에서 다른 학교 학생들과 합세하여 시위를 벌였다. 경찰의 진압에 흩어지기는 하였지만, 본격적으로 교외 시국가두투쟁이 시작됐다는 신호였다.

다음날에는 비가 많이 내렸다. 경찰은 초기에 물러났다. 거의 모든 대학에서 교문 밖 진출을 시도하니 막을 수가 없다고 판단한 모양이었다. 비를 맞으면서 시내로 나간 학생들은 종로, 청계천, 광화문 등지에서 산발적인 시위를 벌였다. 그 과정에서 구타를 당하기도 하고 연행되기도 했지만, 경찰의 진압이 그다지 강하지는 않았다. 그때는 전투경찰이 부족하여 일반 형사계 형사들까지 무리하게 시위 진압에 내세울 때였다.

5월 15일이 됐다. 거의 모든 학생이 모였다고 해도 과언이 아니었다. 이들은 교문 밖으로 진출했다. 교문을 막는 경찰도 없었다. 청량리를 지나 청계천을 거쳐 서울역으로 갔다. 총학생회장단이 지휘하는 듯한데, 제대로 전달이 되지 않았다. 경희대는 남대문 쪽으로 전진했다. 경찰의 최루탄이 날아왔고, 보도블록을 깨서 던지며 싸웠다. 그 과정이 한순간 지속되다가 날이 저문 뒤 해산을 결의했다는 전달이 왔고, 경희대도 학교로 돌아왔다.

　김봉우는 이 과정 전체를 학생들과 함께했다. 그리고 이틀이 지난 뒤인 5월 17일에 계엄령이 전국으로 확대되었고, 학교에는 계엄군이 진주했다. 동시에 정확히 수를 알 수 없는 사람들이 검거 대상이 됐다. 김봉우도 그중 하나였다. 집에 들어가지 않았기 때문에 잡히지는 않은 채 도피 생활을 하다 그해 8월경에 검거됐다. 그는 계엄법 위반으로 1년 징역형을 받고 이듬해에 출소했다.

　출소 후 김봉우는 후배들을 모아 현대사 연표를 만드는 작업을 시작했다. 1988년에는 후배들로부터 민주동문회를 만들 것이니 회장을 맡아달라는 제안을 받았다. 고민하던 그는 민주동문회가 제대로 되려면 불투명한 인식을 가진 사람이 회장이 되어서는 안 된다는 생각에 후배들이 적극 밀어주면 회장이 되겠다면서 수락했다. 그 뒤 10년 동안 회장을 맡아 민주동문회를 이끌었다.

　민주동문회가 다른 학교와는 달리 서클 중심이 아니라 학과 중심으로 된 것은 전적으로 김봉우의 노력이었다. 그리고 사무국을 튼튼하게 만들어 늘 상근자가 근무하는 민동이 되게 하고, 소식지인 '민주경희'를 지금까지 30년 넘게 발간되도록 했다. 그런 일들을 회장이 거의 상근하다시피 하면서 후배들을 독촉하여 해낸 것이다. 게다가 신흥무관학교 계승사업, 이수병 선생 기념사업 등도 민동이 주도하도록 했다.

그는 임종국 선생의 유지를 받드는 일로 '반민족연구소'를 결성하여 초대 소장이 됐다. 그리고 친일인명사전 편찬이라는 대작업에 착수했다. 조그만 방에서 출범한 반민족연구소가 민족연구소로 이름을 바꾸고, 지금과 같은 대규모 민족운동단체가 된 데에는 초기에 밑거름을 놓았던 김봉우의 역할이 컸다고 할 수 있다. 비록 그가 떠난 뒤에 완성되었지만 친일인명사전의 발간도 결코 그의 노고를 빼고 이야기할 수는 없을 것이다.

광주학살폭로의

선봉에서다

신경준(경영 78)

1980년 5월 18일에 비상계엄을 확대하고 휴교령을 내린 전두환 신군부는 학생운동 진압에 성공했다고 생각했을지 모른다. 그러나 전남대를 시작으로 광주민중항쟁으로 번진 투쟁을 통해 그들의 착각이었다는 것이 밝혀졌다. 서울을 비롯한 전국 각 지역은 비상계엄 확대 앞에 숨을 죽였지만, 곧 광주에서 배달된 '전두환의 광주시민 살육 작전'이라는 유인물을 통해 곳곳에서 학생운동을 비롯한 민주화운동이 살아있음을 보여주었다.

민주화운동 세력은 전두환 신군부의 강한 탄압으로 전열이 흐트러진 채 어찌할 바를 모르고 있다가 광주민중항쟁이 무자비하게 진압된 이후부터 전국 곳곳에서 저항의 불길을 올리기 시작했다.

1980년 5월 30일, 서울 종로 5가 기독교방송국 6층에서 당시 서강대학교 4학년이던 김의기 열사가 광주학살을 규탄하는 유인물을 뿌리고 투신했다. 수사기관은 스스로 투신했다고 했지만, 유서가 없는 점 등으로 보아 투신하려는 생각은 없었다는 주장도 있다. 김의기 열사의 죽음은 언론 통제 때문에 널리 알려지지는 못했지만 입에서 입으로 전파됐다.

그는 광주민중항쟁 당시 광주에 있었고, 계엄군의 삼엄한 경계를 뚫고 탈출하여 서울로 와서 학살의 진실을 알리려 했다. 놀라운 일이었다. 그의 행적으로 보아 광주 이외의 지역 사람들이 광주로 들어갔다가 다시 나와서 폭로하는 일도 적지 않았을 것으로 추정할 수 있다.

이어서 6월 9일에는 서울 이화여대 부근에서 한 노동자가 광주학살을 규탄하며 분신 투쟁을 했다. 김종태 열사였다. 그는 성남의 주민교회 등에서 노동야학을 통해 노동문제를 이해하게 되었고, 민주화가 노동문제의 개선에 도움이 되리라고 믿었던 노동자였다. 하지만 비상계엄 확대와 군부정권의 연장으로 분노와 좌절을 느끼고 온몸을 던져 분신한 것이었다. 이 일 역시 언론 통제로 널리 알려지지 않았지만 사람들은 속삭이듯 이 소식을 전파했다.

무엇보다 대학을 다니지 않은 노동자가 광주학살을 규탄하면서 분신했다는 일이 당시로서는 놀라운 일이었다. 김종태 열사는 광주학살 규탄과 함께 '노동3권 보장'을 중요한 구호로 내세웠다. 이 일은 이후 1980년대 민주화운동이 어떻게 진행될지를 보여주는 것이었다. 1970년대 민주노조운동의 역사를 토대로 이제는 민주주의가 노동자의 삶의 개선과 긴밀한 연관이 있다는 것을 노동자 스스로 자각하는 시대가 열리기 시작한 것이다.

이러한 흐름에서 경희대 학생운동도 예외일 수는 없었다. 5.17비상계엄 확대 직전까지 대규모 투쟁을 했던 경희대에서 이와 같은 상황을 외면할 리가 없었던 것이다. 그런데 5.18 당시 검거령에 의해 체포된 사람들 이외에 최초로 광주학살을 규탄하여 구속된 사람은 서울에서 멀리 떨어진 경주에서 나왔다. 당시 경영학과 3학년이었던 신경준이었다. 그는 비상계엄이 확대되고 휴교령이 내려지자 고향인 경주에 내려갔는데, 거기서 광주학살을 규탄하는 유인물을 배포한 것이다.

그는 경희대학교 학생신문사인 대학주보에서 기자로 활동했다. 1학년 때인 1978년에 함께 신문사 기자로 활동하던 2년 선배 신명식이 시위를 하고 구속된 일은 그에게 엄청난 충격으로 다가왔다. 이듬해인 1979년에는 동기생으로 비교적 친하게 지냈던 윤종천이 유인물 배포 사건으로 구속됐다. 이 사건 역시 그에게 심한 갈등을 느끼게 했다. 특히 윤종천 사건은 처음에 범인이 누구인지 전혀 몰랐기 때문에 많은 이들이 경찰서에 끌려가 조사를 받았다.

.

곧이어 10.26사태가 벌어지고, 1980년 서울의 봄이 왔다. 신경준도 대학주보사 기자들과 함께 민주화된 세상을 위한 여러 가지 논의를 했고, 그 나름대로 노력했다. 하지만 대학생들이 만드는 신문조차 사전검열을 하는 계엄당국 때문에 실제로 할 수 있는 일은 대단히 제약이 많았다. 그러던 차에 계엄이 확대되고 휴교령이 내려졌다. 수업은 물론 대학주보사 활동도 일체 금지될 수밖에 없었다. 그는 집으로 내려가는 길을 택했다.

하지만 광주에서 일어난 일들은 흉흉한 소문이 되어 그의 귀에도 들려왔고, 마침내 그의 손에도 광주발 유인물이 쥐어졌다. 그는 동료 두 명과 함께 그 소식을 널리 전해야 한다고 합의했다. 그 때문에 구속이 될 수도 있고, 어쩌면 더 심한 일을 당할 수도 있다는 것을 모르는 바 아니었다. 하지만 외면할 수 없었다. 결국 그는 경주 시내 일대에 광주학살을 규탄하는 유인물을 뿌렸고, 발각이 되어 계엄사에 구속됐다.

　계엄군법회의에서 3년형을 선고받은 신경준은 이듬해 봄에 특사로 풀려났다. 학교에서는 제적되었고, 전두환이 새로운 공화국의 대통령이 된 세상에서 그를 반겨줄 직장도 없었다. 경주에서 생활하다 서울로 올라온 그는 가톨릭에서 운영하는 교회사연구소에 근무하게 됐다. 그의 뒤를 이어 구속되었던 선후배 동료들이 하나둘 출소했다. 일찍 나와서 직장을 잡은 그를 학교 선후배 동료들이 찾아오기 시작했다.

　새로운 공화국 이름을 붙인 전두환 정권은 시작부터 상당히 동요했다. 내부적으로는 권력 암투가 심심치 않게 벌어졌고, 이철희·장영자 사건을 비롯한 부정부패 사건도 터졌다. 외부적으로는 광주학살을 규탄하는 학생 시위가 끊일 날이 없었고, 공개적으로 반정부투쟁을 공언하는 청년운동조직이 결성되었으며, 재야운동도 다시 결집하면서 전두환 정권을 곤혹스럽게 만들기 시작했다.

　전두환 정권은 1983년 말에 이른바 '자율화조치'를 통해 유화 국면을 만들려고 했다. 그중 하나가 제적 대학생 복학조치였다. 1983년 말부터 제적생들이 모이기 시작했다. 그런데

1980년의 복학과는 양상이 많이 달라졌다. 그때는 대다수가 그냥 복학을 받아들였지만 이번에는 전두환 정권이 시퍼렇게 살아있고, 광주학살에 대한 아무런 반성이나 사과도 없이 취하는 조치였다. 그러므로 기만적인 복학조치를 받아들여서는 안 된다는 데 대체로 의견이 일치했다. 그리고 여러 가지 조건에서 불리한 점이 없도록 정부 당국과 학교에 요구하자는 데에도 이견이 있을 수 없었다.

문제는 사실상 복학을 하지 않겠다고 하는 사람들이 많았다는 점이다. 학교로 돌아갈 것이 아니라 새로운 운동의 현장 즉 노동현장을 찾아 떠나야 한다는 주장이었다. 그리고 이들이 학교마다 운동권에서 핵심적 역할을 했다. 이들에 대한 불이익이 없도록 하는 것도 논의의 대상이 될 수밖에 없었다. 경희대는 제적생의 다수가 이러한 견해를 갖고 있었기 때문에 논의의 중심이 이리로 모아지기도 했다.

한편 제적생들이 모여서 전두환 정권에 대해 폭로하는 정치투쟁의 장으로 복학투쟁을 바라보는 이들도 있었다. 몇몇 대학에서는 학생회를 만드는 작업에서부터 복학생들이 개입해서 강한 요구를 하기도 했다. 경희대도 제적생들이 학내에 들어가 집회를 하기도 했다. 이미 경찰이 철수하기로 한 교정에서 제

156

적생들의 집회는 학내 구성원들에게 충격적인 영향을 주는 것이었다.

이러한 상황에서 의견을 조율하고 모아 나가기 위해 각 대학 대표들이 모이는 것은 필연이었다. 여러 대학의 제적생들을 망라하는 복학투쟁위원회가 구성됐다. 경희대에서는 제적생 중에 78학번이 가장 많은 수를 차지했고, 신경준이 여건도 비교적 좋은 편이라서 복학투쟁위원회 대표로 선정됐다. 그는 대표를 하는 동안 여러 학교의 대표들을 만나고, 많은 운동권 학생들의 생각도 접하게 됐다.

복학투쟁위원회에 참여한 제적생들은 기독교회관에 모여서 밤샘 농성을 하기도 했다. 여기에서 경희대는 강경한 의견을 표명했다. 당시로서는 사실상 받아들여질 수 없는 요구조건을 정부당국에 내걸고 농성을 하자는 것이었다. 복학투쟁은 3월에 접어들고 새 학기가 시작되면서 실효성이 없게 됐다. 미아리에 있는 한빛교회에서 복학투쟁위원회 총회를 열어서 열띤 논쟁을 벌인 끝에 더 이상 행동에 나서지 않기로 결정했다.

복학투쟁위원회가 사실상 종료되면서 각 학교 대표들은 연락 모임 같은 형태를 취하기로 했다. 그리고 이들은 당시 막 출범한 민주화운동청년연합(민청련)의 각 학교 대표가 되기도 했다. 물론 모든 대학이 동의한 것은 아니지만, 대다수 대학은 그런 방향으로 나아갔다. 신경준도 민청련에 경희대 대표로 나가기로 했고, 실제로 민청련 활동을 잠시 하기도 했다.

1987년 6월 항쟁 이후 대통령선거가 있었다. 민주화운동진영은 후보단일화, 비판적지지, 독자후보 등으로 노선이 나뉘었다. 신경준은 백기완 후보를 지지하는 독자후보 노선이 옳다고 생각하고 그들과 행동을 같이했다. 그런데 백기완 후보는 사퇴하고, 김대중·김영삼 두 사람이 낙선하고 노태우가 대통령이 되는 일이 벌어지면서 한참 동안 민족민주운동은 어려움을 겪게 됐다.

신경준은 1988년 이후 결성된 지하철노조에 취업하여 홍보를 담당했다. 그가 만든 홍보 스티커는 지하철에 부착되어 수도권 곳곳을 다니면서 많은 관심을 끌었다. 당시 '길'이라는 진보적 잡지를 준비하던 사람들이 그의 홍보 능력을 높게 평가하여 초대 편집장 자리를 제안했다. 수도권에서 지하노동운동을 하던 사람들이 운동방식을 합법 공개 방식으로 바꾸면서 새로운 진보적 잡지를 만들려고 했던 것이다.

신경준은 그들을 만나 세 가지 TV프로그램을 보냐고 물었다.

'전국노래자랑' '인간극장' '전원일기'였다. 다들 안 본다고 했다. 그런 걸 뭐 하러 보냐는 투였다. 신경준은 대중들이 가장 많이 보는 프로그램을 보지 않고 어떻게 대중적인 잡지를 만들 생각이냐고 반문했다. 비로소 그들도 자신들의 비대중성을 인정하고, 꼭 편집장을 맡아줄 것을 간청했다. 신경준은 대중 프로그램을 그들도 본다는 전제하에 편집장을 맡겠다고 수락했다.

'길' 편집장은 오래 하지 못했다. 잡지 자체가 오래가지 못했기 때문이다. '길'을 추진했던 세력은 탄압을 받으며 여러 갈래로 흩어졌다. 그 뒤 결성된 진보정당에서 탁월한 능력을 발휘한 사람도 있지만, 변절하거나 사실상 그에 가까운 길을 걸은 사람도 적지 않았다. 진보정치의 길을 열어보겠다는 시도는 높이 살 수 있지만, 그것을 실현할 사상적 통일성도 없고, 준비도 매우 부족했던 듯하다.

이후 그는 고향으로 돌아가 경제정의실천시민연합(경실련) 활동을 하면서 새로운 활로를 모색했다. 지역 여건이 좋지 않아서 많은 어려움이 있었지만 그 특유의 대중성과 실무 능력으로 많은 성과를 냈다. 그 과정에서 울산 경실련에서 일하는 선배 이상희(국문 72), 강릉 경실련에서 일하는 후배 김재관(국문 79) 등 동해안 라인에서 활동하는 동문들과 자주 소통하면서 많은 걸 의논하고 배울 수 있었다.

　신경준은 1998년에 학생 시절에 받았던 징역형에 대해 재심을 청구하여 무죄를 선고받았다. 재심을 청구할 당시 그는 경실련 사무국장이었다. 사실 그가 한 일은 지금으로서는 아무 일도 아니라고 할 수도 있는 유인물 배포였다. 그런데 그것으로 징역 3년에 처해졌던 것이다. 재심 재판부는 판결문에서 "12·12군사반란으로 국헌을 문란케 하는 등 신군부의 헌정질서 파괴에 대해 헌법의 수호자인 국민으로서 이를 제지한 피고인들의 행위는 국민저항권을 행사한 정당행위로 범죄가 되지 않는다"라고 선고 이유를 밝혔다. 뒤늦은 결과였지만 그래도 당연한 것이 제대로 귀결된 것이었다.

　그는 여전히 고향인 경주에 산다. 사회적 기업도 하고, 지역 향토문화를 연구하고 알리기 위한 여러 사업도 한다. 광주학살 폭로의 선봉에 섰던 그는 시민운동이 여러 가지 어려움에 봉착할 수밖에 없는 고향에서 여전히 이러저러한 활로를 모색해 나가고 있다.

경희대 최대 지하서클을 만든 겁없는 1학년

박영철(지대 78)

1980년 봄 경희대에서 총장사퇴 요구 투쟁이 한창이던 무렵, 학교에서 특별한 공고를 내붙였다. 사태가 마무리되는 대로 특정 사안에 대해 결코 용서하지 않을 것이며, 그중에서도 특히 박영철(치대 78)은 반드시 처벌할 것이라는 내용이었다. 총장사퇴를 요구하는 농성이 수십 일 동안 벌어져 학교가 거의 마비되어 있는 상황에서 이런 공고를 붙인 것도 웃기지만, 거기에 특별히 한 사람을 지명한 것도 희한한 일이었다.

당시 학생들이 학교 당국의 자존심이 상하는 몇 가지 행위를 했는데, 그 앞장을 선 것은 항상 박영철이이었다. 그만큼 박영철은 과격한 학생으로 통했지만, 반대로 학생들 입장에서는 투쟁력이 강하고 추진력 있는 사람이라는 뜻이었다. 사실이 그랬다. 당시 3학년이었던 그는 학원민주화추진위원이자 총장사퇴 요구 투쟁의 지도부인 10인 소위의 일원이기도 했다. 그는 이 투쟁을 가장 강경하게 이끄는 사람 중 하나였다.

그는 1학년 때부터 비합법조직의 일원으로 윤종천(토목 78), 정형서(의대 78) 등과 함께 1학년 그룹의 구성원이었으나 1학년 말에 있었던 합숙이나 YH노동조합 야학에는 참여하지 않고 고향인 상주에 내려가서 겨울방학을 보냈다. 이듬해 2월에 올라온 그는 갑자기 서클을 만든다고 학교 곳곳에 대자보를 붙였다. 핵심 문구는 '소크라테스의 독배의 의미를 알고 싶은 사람은 오라!'였다. 당시 서클의 이름은 서양사상연구회였다.

그가 서클을 만든다는 사실을 경희대 학생운동그룹에서는 아무도 알지 못했다. 오로지 그의 창의력과 추진력으로 이루어진 일이었다. 그의 서클 모집 공고는 당시 경희대에서 일약 화제가 됐다. 많은 79학번 신입생들이 서클에 가입하려고 찾아왔다. 하지만 서클은 학교에서 인정받지 못했다. 출발부터 비합법 서클이 된 셈이었다. 이처럼 1970년대 말 최대의 지하서클은 1학년을 갓 마친 학생의 다소 엉뚱한 행동에서 시작됐다.

박영철이 만든 서양사상연구회 때문에 비합법조직은 아연

활기를 띠기 시작했다. 78학번까지는 학번마다 회원이 겨우 서너 명에 불과했는데 79학번부터는 그 몇 배가 불어난 것이었다. 1978년에 회장인 하석태가 시위로 구속되어 등록이 취소된 흥사단아카데미도 비록 다시 등록은 못했지만 인맥을 통해 신입생을 모집해서 열 명 가까운 인원이 들어오게 됐다.

79학번이 많이 늘어나는 것은 학생운동이 어느 정도 자리 잡은 학교에서는 공통적으로 나타난 현상이다. 당시 시대 상황이 중요한 원인이 되었을 것이다. 아울러 탄압이 심한 상황에서 학생운동가를 늘리기 위한 노력이 여기저기서 많이 이루어졌기 때문이기도 하다. 이러한 조건이 필연이라면, 경희대에서는 서양사상연구회가 만들어진 것이 우연으로 작용하여 이전과는 다른 양상을 보인 것이다. 이처럼 역사는 필연과 우연의 연속으로 진행되어 나가는 것임을 알 수 있다.

서양사상연구회의 신입생들이 비합법조직과 긴밀한 관계를 이루기 시작한 것은 5월에 있었던 대성리 연합MT 이후였다. 이때까지만 해도 박영철을 제외하면 나머지 서양사상연구회 회원들은 비합법조직의 존재도 몰랐고, 그런 조직에 연관되어야 한다는 생각도 약했다. 또 회장은 박영철이었지만 이 서클에 들어온 77학번이 오히려 서클을 주도하면서 시위 분위기와 차단시키려고 했던 점도 없지 않았다. 그러나 MT 이후 서양사상연구회 구성원들은 크게 변했다.

물론 이들 모두가 비합법조직의 구성원이 된 것은 아니었고, 도중에 이탈한 사람도 없지 않았다. 하지만 이들 중 상당수가 이후 경희대 학생운동의 핵심 역할을 한 것은 틀림없는 사실이다. 이들은 9월에 구속된 정해랑(국문 77), 윤종천(토목 78)의 옥바라지에도 기여했고, 10.26사태 이후에는 합숙을 하면서 이후 변화된 상황에 대응하려고 노력했다. 이때 박영철과 동기인 김경(영교 78), 이효인(행정 78) 등이 가입하여 함께하기도 했다.

1980년에 들어서면서 서양사상연구회는 사회과학연구회로 이름을 바꾸었다. 이때부터 이 서클은 '사과'라는 약칭으로 불리게 된다. 78학번으로 1학년을 갓 마친 박영철이 서클을 만들고 중심적인 역할을 했지만, 이들은 상당히 수평적인 관계를 유지했다. 같은 78학번이 두 명 더 있었고, 1학년이지만 군에 갔다 온 사람도 있었다. 또 79학번 대다수가 재수를 해서 78학번들과 나이가 같았기 때문에 서로 친구처럼 지내기도 했다.

박영철은 10.26사태 이후 서울의 봄이 예견되면서 학원민주화를 위한 노력을 비합법조직 사람들과 함께 추진해 나갔다. 학원민주화추진위원회를 만들고 추진위원으로 활동하면서 학원민주화를 위한 공청회를 열고, 새로운 학생회 구성을 준비했다. 그런데 4월 1일에 총장사퇴를 요구하는 시위가 시작되면서 상황이 급변했다.

총장사퇴 요구 투쟁 지도부로 10인 소위가 구성됐다. 단과대 학생회장 중 다섯 명이 소위에 들어갔는데, 그중 농성투쟁이 종료될 때까지 계속한 사람은 정경대 학생회장 한화룡, 법대 학생회장 김종섭 둘이었다. 둘은 5.17비상계엄 확대 때 체포되었는데, 한화룡은 계엄사로 연행되었고 상대적으로 정보기관에서 비중이 약하다고 본 김종섭은 청량리경찰서에서 훈방됐다.

학민추에서는 세 명이 들어갔다. 위원장 오인택(법학 77)과 박영철 그리고 또 한 명이었다. 그리고 복학생 중에서 두 명이 포함돼 10인 소위를 꾸렸지만, 실제 지도부 기능을 한 사람은 단과대 학생회장 중 둘과 학민추위원, 복학생이었다. 그중에서도 박영철은 시종일관 현장 지휘 역할을 맡았다.

총장사퇴 요구 투쟁이 마무리되고 시국시위로 전환된 뒤에도 박영철은 메가폰을 들고 현장에서 지휘하는 역할을 했다. 그는 5.17계엄 확대 이후 수배가 됐다. 당시 수배된 사람을 이후에 확인해 보면 반드시 시국시위를 주모하거나 앞장선 사람만은 아니었다. 학내시위를 주동한 사람도 대거 포함되었는데,

166

이것은 1975년과 마찬가지로 당시 학교 당국이 정보당국에 명단을 제공한 것이 아닌가 하는 의심이 가는 대목이다.

다행히 검거가 되지 않은 박영철은 며칠 여기저기 다니다가 학우들과 연락이 닿아서 한곳에 모이게 됐다. 최낙범(토목 79)의 누나가 애를 낳기 위해 친정으로 가는 바람에 살던 아파트가 비어있었는데, 그 아파트에 모여서 숙식을 했다. 꽤 큰 아파트였다. 5층 주공아파트였는데, 경비실이 동마다 있는 게 아니어서 출입도 자유로웠다. 이때 모인 사람들은 수배자만이 아니고 서울의 봄 때 함께 싸웠던 학우들도 포함돼 있었다.

며칠 뒤 광주 출신인 사과 1학년생한테서 최낙범이 유인물을 받아 왔다. '전두환의 광주시민 살육작전'이라는 유인물이었다. 당시 전국적으로 배포되던, 광주학살의 진상을 알리는 유인물이었다. 정말 끔찍했다. 도저히 있을 수 없는 일이 벌어졌다는 걸 알게 되자 1980년 5월 15일 서울역에서 맥없이 돌아왔던 기억들이 되살아나기 시작했다. 뭔가 커다란 죄책감이 박영철을 비롯한 동지들의 가슴을 짓눌렀다.

그 유인물을 다시 등사해서 뿌리자는 데 모두 합의했다. 등사기가 필요했다. 시내 곳곳에서 계엄군과 경찰이 검문검색을 하는데, 등사기를 어떻게 구할 수 있을지 걱정이었다. 그때 역시 추진력 짱인 박영철이 나섰다. 그러고는 두어 시간 만에 등사기를 들고 왔다. 다들 입이 쩍 벌어졌다. 어떻게 구했냐고 하니까 종로5가에 있는 문구점에 가서 사 왔다고 한다. 박영철만이 할 수 있는 위험천만한 일이었다.

가져온 유인물을 등사원지에 다시 써서 등사기에 돌렸다. 이튿날 새벽에 나눠 가지고 나가 시내 여기저기에 뿌렸다. 그런데 박영철이 그만 어느 학교에서 수위에게 발각되어 가방을 빼앗겼다. 하필 그 지역은 청량리경찰서 관할이었다. 가방에는 박영철의 도장이 들어 있었다. 수위를 뿌리치고 도망쳐 오기는 했지만, 박영철이 유인물을 배포했다는 사실이 정보기관에 알려지는 건 불을 보듯 뻔한 일이었다.

일단 최낙범 누나의 집에서 해산하고 각자 갈 곳으로 가기로 했다. 박영철은 화양동에 자취방을 얻어 거기서 다시 유인물 작업을 하기로 했다. 이번에는 1978년 시위로 구속된 전력이 있는 신용남(사학 77)이 함께했다. 신용남, 정해랑(국문 77) 외 몇 명이 함께 유인물을 만들어서 시내 곳곳에 뿌렸다. 경찰의 추적으로 박영철은 결국 검거되고 말았다.

박영철은 조사를 받으면서 자기 나름대로 알리바이를 만들었다. 열 명 가까운 사람이 유인물 배포에 함께했는데 그들을 모두 밝힐 수는 없었다. 어차피 경찰에 찍힌 오인택, 정해랑 등과 셋이 했다고 진술했다. 경찰도 수긍했다. 최낙범 누나의 집을 댈 수도 없었다. 마침 동기인 이효인이 살던 회기동 자취방이 있었는데, 거기에서 했다고 했다. 이미 이효인은 이사를 갔고, 경찰도 거기까지 찾으려는 수고는 하지 않았다.

5.17 이전의 시위와 유인물 배포 등을 주도한 혐의로 박영철은 2년형을 선고받았다. 계엄포고령 위반죄였다. 이듬해 8.15 특사로 석방된 박영철은 김봉우(영문 71)가 다른 학교 후배들과 진행하던 현대사 연표 작성 작업에 함께했다. 이 작업을 통해 우리 현대사에 대해 많은 공부를 하게 된 그는 운동을 계속하려면 노동운동을 해야겠다는 생각을 굳혔다. 당시 징역을 살고 나온 많은 학생이 마음먹는 길이기도 했다.

1984년이 되자 전두환 정권은 학원자율화라는 미명 아래 제적생 복학 허용 조치를 취했다. 집에서는 당연히 복학을 원했고, 주위에서도 복학하라는 권유가 많았다. 하지만 박영철은 그에 응하지 않았다. 당시 경희대 제적생의 다수가 그랬던 것처럼 그 역시 학교에 다시 돌아가지 않고 공장 취업 준비를 했다. 선반을 배우면서 작은 공장에 취직하기도 했다.

그는 두 번째 복학 조치가 취해진 1988년에 복학했다. 그리고 졸업한 뒤에 치과의사가 됐다. 지금도 치과의사 생활을 하는 그는 바이올린도 연주하고, 철인3종 경기도 나서는 등 남다른 취미생활을 즐긴다. 또 대안학교를 만들어 이사장을 하면서 후학 양성을 위한 노력도 기울이고 있다. 젊은 시절에 넘치던 에너지가 그대로 장년 이후에도 지속되고 있다.

1980년 전후의 경희대학교 학생운동을 아는 사람이라면 '사과'라고 불리던 언더서클 사회과학연구회를 모를 수가 없다. 사과를 거쳐 간 사람도 꽤 많다. 그런데 그 서클이 겁 없는 1학년생의 다소 돈키호테식 시도로 시작된 것을 아는 사람은 그리 많지 않다. '영철'이라는 이름을 따서 '빵쇠'라는 별명으로도 불렸던 박영철. 그의 추진력과 돌파력은 경희대 학생운동의 한 페이지를 장식하는 데 부족함이 없을 것이다.

1970년대 경희대 학생운동은 타 학교 운동 열기를 추종하는 수준이었음을 부인하기 힘들다. 이러한 면에서 사회과학연구회의 출범은 경희대 학생운동도 독자적, 자생적으로 동력을 발휘할 수 있다는 것을 보여준 전환점이었다고 하겠다.

제5부

살인마 전두환을
민족의 이름으로 처단하자!

형의 뒤를 따라

고난의 길을 선택한

의대생

1980년 9월 초. 정형서(의대 78)는 선배 이상희(국문 72)의 연락을 받았다. 할 말이 있으니 만나자고 했다. 그는 '올 것이 왔구나' 생각했다. 아마도 시위를 하라고 할 것이라고 생각했다. 그는 1학년 때부터 경희대 비합법조직의 구성원이었다. 그 조직을 이끄는 사람이 이상희였다. 그가 1학년이었던 1978년의 시위도 이상희가 배후에서 만들어낸 것이라는 이야기를 들은 적이 있었다.

이상희는 경희대가 제일 오래 휴교상태였기 때문에 가장 먼저 개강을 했고, 그러므로 전두환 반대 시위를 가장 먼저 해야 한다고 설명했다. 이후 학내 조직을 위해 이번에 학사징계를 받은 사람들로 시위팀을 조직할 것이라고 했다. 정형서는 그때

6개월 유기정학 상태였다. 알겠다고 했다. 제적당한 정해랑(국문 77)이 시위를 조직할 것이니 그에게서 연락이 오면 만나서 그의 지시에 따르라고 했다.

정해랑이 주모자라면 그가 정형서에게 이야기를 하면 될 텐데 굳이 이상희가 직접 만나서 이야기를 하는 것은 사실 대단히 위험한 일이었다. 자칫하면 비합법조직이 커다란 타격을 받을 수도 있었다. 그럼에도 이상희가 직접 나선 것은 정형서에게 매우 미안한 마음이 있어서였다. 그의 형은 서울대에서 두 번이나 제적당하고 구속당한 사람이었다. 바로 얼마 전에 구속됐다 풀려난 형이 있는 사람에게 시위를 하라고 하는 것이 부담스러웠던 것이다.

이상희와 만난 뒤 정형서는 곧바로 정해랑을 만났다. 정해랑은 시위 계획 전반에 대해 이야기해 주었다. 이른바 '유휴 인력'인 학사징계를 받은 사람들이 이번 시위를 주동하게 됐다고 했다. 제적당한 정해랑과 김경(영교 78), 무기정학을 당한 박병식(국문 79)이었다. 정해랑은 현장에 가지 않고 시위에 대한 수사가 확대되지 않도록 바로 도주하기로 했다. 선언문은 정해랑이 쓰고, 타이핑은 김경이 하기로 했다.

이야기를 마치고 집에 갔다. 형에게 시위를 하기로 했다고 말했다. 형은 아무 말도 하지 않았다. 혹시 하지 말라고 하면 뭐라고 하나, 걱정을 했지만 형은 뜻밖에도 동생의 이야기를 아무 말 없이 들은 뒤 책장에서 책을 정리하는 것을 도와주었다. '내가 응원할 테니 이번에는 네가 가라'는 말이라고 정형서는 생각했다. 막상 형이 그렇게 나오니 더욱 가슴이 메었다. 누구나 그렇듯 어머니가 걱정이었다. 아버지도 다른 형들도 염려가 됐다.

정형서의 가족은 유신정권 시절 부활절 남산야외음악당 사건으로 구속되었던 박형규 목사가 담임목사인 제일교회에 다녔다. 아버지는 장로였다. 둘째 형인 정광서(서울대 74)가 1975년 5월 22일에 이른바 522사건으로 구속될 때만 해도 온 가족은 박정희가 나쁘고 우리 아들이 장하다는 반응을 보였다. 아버지도 어머니도 그랬다. 그런데 1980년 5.17비상계엄 확대 조치 이후 정광서가 계엄군에 끌려갔을 때부터 가족들의 반응은 조금 달라졌다.

형 광서는 5.17계엄 확대 조치가 발표된 날 집으로 쳐들어온 형사들에 의해 연행됐다. 그가 간 곳은 계엄합동수사본부 산하 치안본부 수사대로 알려진 곳이었다. 잡혀가 있는 한 달 동안 면회는 전혀 되지 않았다. 갈아입을 옷을 가져오라는 연락이 와서 어머니가 옷을 가져갔고, 갈아입은 옷을 받았다. 그런데 바지가 다 해져 있었다. 너무 많이 맞아서 그렇게 된 것이었다. 그 바지를 보고 아버지는 굳은 표정이었고, 어머니는 끝내 오열했다.

그런 모습을 지켜보았던 정형서가 시위를 결심하는 것은 정말 힘든 일이었다. 그래도 역사가 부르는 길이라면, 해야 할 일이라면 해야 한다고 생각했다. 정형서는 어려서부터 교회에 다녔지만 교회 분위기가 자유스러운 점도 있고, 타성에 젖어서 그런지 독실하다는 생각은 스스로 들지 않았다. 그런데 시위를 결심하고 나서는 혼자서 계속 기도하고 있는 자신을 발견했다.

정형서는 제일교회에 다니던 선배의 소개로 이상희를 만나 비합법조직에 참여하게 됐다. 78학번 모임에서 공부를 함께했고, 임우택, 오인택, 정해랑, 윤종천 등과 합숙을 하기도 했고, YH노동조합원들을 대상으로 한 동일교회 야학도 했다. 1학년 때 목격했던 시위의 주동자인 하석태, 신명식, 신용남 등의 재판 과정을 방청하면서 '나도 언젠가 저럴 수 있을 것이다'라는 생각은 했지만, 그렇게 절감하지는 않았다.

학교를 다니면서 정형서가 주로 한 일은 기독학생회를 운동 조직으로 전환시키는 것이었다. '스카' 또는 '기생'이라고도 불렸던 기독학생회는 80년대 초에 최대 규모의 운동조직 중 하나로 바뀌었지만 70년대 말만 해도 담배를 피우는 것이 교인으로서 옳은가 그른가를 다툴 정도로 보수적인 서클이었다. 의대를 조직화하는 것도 임무였다. 정형서가 정학을 당하게 된 것도 의대생들을 시국 시위에 끌어낸 것이 원인이 됐다.

시위를 하루 앞두고 주동할 사람들이 모두 모였다. 처음에 얘기 들었던 사람들 이외에 2학년인 최낙범(토목 79), 김재관(국문 79)이 추가됐다. 좀더 큰 규모의 시위를 조직하기 위해 그랬다는 말을 정해랑으로부터 들었지만 자세한 내용은 알지 못했다. 아마 정해랑과 이상희가 결정했으리라는 것만 짐작할 뿐이었다. 모임은 최낙범의 집에서 있었다. 최낙범의 집은 큰 집이었고, 2층에 올라가면 무엇을 하는지 다른 가족들이 전혀 알지 못할 정도였다. 여섯 명이 그곳에서 시위 계획을 짰다.

유인물 초안은 정해랑이 써 왔다. '살인마 전두환을 민족의 이름으로 처단하자!'라는 제목의 글이었다. 그 글을 김경이 타이핑하고 등사하기로 했다. 당시 대학생 가운데 타자기를 칠 줄 아는 사람은 매우 드물었다. 김경이 그런 능력을 갖고 있다는 것을 정해랑이 알았기 때문에 그렇게 하자고 했던 것이다. 그런데 김경은 그냥 손으로 등사지에 쓰자고 했다. 타자로 치면 증거물로 타자기를 압수당하는데, 무엇 때문에 타자기를 그들에게 빼앗기냐는 것이었다.

　결국 김경이 등사지에 볼펜으로 유인물 내용을 쓰기로 했다. 시위 계획도 짰다. 점심시간에 정형서는 경희의 탑(일명 50주년 탑)이 있는 삼거리, 김경과 박병식은 문리대 앞, 최낙범과 김재관은 법대와 도서관 앞에서 지나는 학생들에게 유인물을 나누어 주면서 구호를 외치고 합류할 것을 호소한 뒤, 삼거리에 모여서 시위를 하기로 했다. 계획을 모두 점검한 뒤 김경이 유인물 내용을 쓰는 동안 다른 사람들은 등사할 준비를 했다.

　등사에 들어가기 전에 김경은 집에 가겠다고 했다. 이 점에서도 김경은 세심했다. 만약에 여섯이 모두 함께 자면 정보경찰은 온갖 희한한 말을 동원하여 마치 성적으로 문란한 듯 비난할 것이라는 이야기였다. 당시의 정보경찰은 동지들끼리 아무 일 없이 한 방에서 잘 수 있다는 것을 생각할 수 없는 인간들이었고, 자기들 기준으로 말을 꾸며서 떠들어대는 자들이었다. 그들에게 취조당해 본 사람들은 다 아는 일인데, 그런 점에서 그들은 예외가 없었다.

　다음 날 아침 만나기로 하고 김경은 집으로 갔다. 나머지 다섯 명은 등사기로 유인물을 만들었다. 그때만 해도 유인물 만드는 일은 한 장, 한 장이 쉽지 않았다. 심지어 한두 해 전만 해도 철필로 등사지에 긁어야 했다. 그래서 학교마다 필경사라는 직업을 가진 분들이 있었다. 다행히 그때는 볼펜으로도 쓸 수 있었다. 그렇게 등사지에 쓴 뒤 등사기에 얹고, 롤러에 잉크를 묻혀서 밀었다. 그러면 한 장 두 장 등사된 유인물이 나왔다.

거사일인 다음 날 아침은 날이 맑았다. 최낙범의 어머니가 차려주시는 아침을 먹고 집을 나섰다. 아무것도 모르고 그저 친구들이 와서 놀다 가는 것으로 아는 어머니를 향해 최낙범은 조용히 "어머니 안녕히 계세요"라고 말했다. 정형서는 오후면 발칵 뒤집힐 집을 생각하고 마음이 쓰려오는 것을 느꼈다. 어머니, 아버지를 담대하게 해주시라고 기도했다. 자신이 기독교인이라는 것을 새삼스럽게 절감한 시간들이었다.

경희대 부근 휘경동으로 가서 김경을 만났다. 여기서 정해랑과 헤어졌다. 짧은 기간이지만 믿고 따르던 선배였는데, 이제 몇 년 동안 못 볼지 모른다.

부근 다방에서 있다가 점심시간에 맞추어서 학교에 들어갔다. 학생들이 띄엄띄엄 교실에서 나오다가 이윽고 쏟아져 나오기 시작했다. 문리대 앞은 공대, 문리대, 정경대, 교양학부가 지나가는 곳이다. 자연히 학생들이 많을 수밖에 없었다.

정형서가 유인물을 뿌리며 구호를 외쳤다. 순식간에 형사들이 달려들었다. 그런데 그들도 미처 예상을 못했는지 정형서를 잡지는 못했다. 조금 있다 다른 쪽에서 형사들과 교직원들이 달려왔다. 그때 생각지도 못했던 상황이 벌어졌다. 김경이 면도칼로 자기 손목을 그은 것이었다. 피가 흘러서 바닥을 적시기 시작했다. 이것은 누구와도 상의한 적이 없는 일이었다. 당황스러웠다.

정형서는 의대생이었으므로 기본 응급처치에 대한 지식을 갖고 있었다. 곧바로 김경에게 달려가서 왼쪽 어깨 밑 동맥을 꽉 쥐었다. 동맥에서 피가 나오지 않게 하기 위한 조치였다. 피를 보아서 그런지 형사들도 주변에서 멈칫했다. 김경은 노천극장이 있는 스탠드 위에 서서 유인물을 읽기 시작했다. 정형서는 동맥을 꽉 누르면서 그런 김경을 부축했다. 40년이 더 지난 지금도 그때 김경이 읽던 유인물이 생생하게 들리는 듯하다.

"살인마 전두환을 민족의 이름으로 처단하자!"

몇 년 전에 후배 하나가 그 유인물을 민주화운동기념사업회에서 발견해서 사진을 찍어 보냈다. 정형서는 지금도 그 글이 가슴을 울리는 둘도 없는 명문이었다고 생각한다. 사실 지금 읽어 보면 조금 유치하게 느껴지는 점도 없지는 않다. 어쩌면 그때 피를 흘리면서 절절하게 유인물을 읽었던 김경의 목소리가 귀에서 떠나지 않아서 그렇게 생각되는지도 몰랐다. 그것은 정형서를 평생 다른 길로 가지 못하게 만드는 거대한 힘이었다.

정형서는 민주동문회에 그 글을 새긴 동판을 제작하자는 제안을 한 적도 있다. 그리고 그때 김경이 유인물을 낭독하던 장소에 기념비라도 세우자고 했다. 전두환이 대통령이 된 뒤에 벌인 첫 시위였고, 이후 우리 운동의 방향을 정하는 데서도 적잖은 영향을 미친 중요한 시위였다고 정형서는 생각했다. 비록 다음 해에 많이 시도했던 '고공 시위' 등에 비해 전술상으로 성공하지 못한 시위라는 평가도 있지만, 첫 문을 열었던 시위로 기억될 필요가 있다고 생각했다.

김경의 유인물 낭독이 계속되자 지나가던 학생들이 주위를 둘러쌌다. 학생과 직원들과 경찰들이 학생들을 막기는 했지만 피를 본 학생들의 분위기가 험악하게 느껴져서인지 김경과 정형서를 어찌하지는 못했다. 덕분에 앞뒤로 빽빽하게 쓰여있는 유인물을 김경은 끝내 다 읽었다. 유인물 낭독이 끝나자 정형서는 김경을 부축하며 천천히 언덕을 내려가 경희의료원으로 갔다. 형사와 학생과 직원이 따라왔다. 그들이 가까이 다가서면 정형서는 "병원부터 가야지!"라고 소리쳤다.

경희의료원 주차장에 이르러 김경을 병원 안으로 들어가게한 뒤 돌아섰을 때 형사들 네다섯 명이 달려들어 정형서를 청량리경찰서(지금의 동대문경찰서)로 연행했다. 정형서는 들어가자마자 무지막지하게 맞았다. 취조의 주요 내용은 배후를 캐묻는 것이었다. 정해랑이 현장에 오지 않고 사라진 것이 정말 잘된 일이라고 생각했다. 그저 정해랑에게 모든 것을 미루면 됐다. 드러나지 않은 이상희 등도 정형서는 알고 있었기 때문에부담이 되기는 했지만, 경찰에서 전혀 알지 못하기 때문에 묻지도 않았다. 취조를 받으면서 박병식도 검거되지 않았다는 것을 알게 되었다.

비상계엄 상태였고 계엄법 위반이었으므로 구속 기간은 자기들 마음대로였다. 거의 한 달 정도 경찰서 보호실과 유치장에 있다가 수도경비사령부 검찰에 송치되고, 서울구치소로 넘어갔다. 1심에서 계엄포고령 위반 중 최고형인 3년을 선고받았다. 이후 안양교도소를 거쳐서 춘천교도소에서 복역 중 1982년 8.15특사 때 석방됐다. 학교는 제적되었고, 이제 갈 길은 노동현장뿐이라고 생각했다. 함께 시위를 한 사람들도 대부분 생각이 그랬다.

1984년에 학원자율화 조치가 취해지면서 제적생 복학이 이루어졌다. 정형서는 복학을 결심했다. 4년 아래인 후배들과 같은 학년으로 다니게 됐다. 군대 갔다 온 셈치면 되는 일이었다. 졸업한 뒤 성남병원에서 인턴을 하고, 인하대병원에서 레지던트를 마친 뒤 일반외과 전문의가 됐다. 인천으로 가서 개업을 했다. 그 뒤 지역에서 노동운동하는 사람들과 결합하여 병원에 노동보건연구소를 만들어 활동을 지원했다.

정형서가 인천에서 개업한 지도 30년이 넘었다. 그동안 환자들을 치료하고, 여러 가지 활동을 직접 나서서 하고, 많은 일들을 후원하기도 했다. 정형서는 여러 가지 일에 관심을 기울였다. 의사이기 때문에 질병과 치료 등에 관한 일들을 많이 했다. 특히 일반외과 전문의이기 때문에 산재와 그 예방에 대한 일에 관심을 집중했다. 그 시작이 연구소의 개설이었다. 연구소는 전문적인 일을 할 활동가들이 일할 공간을 열어준 것이기도 했다.

민주동문회 일에도 관심을 갖고 부회장으로 오래 활동했다. 그 밖에 그는 특이한 데 관심을 갖기도 했다. 그중 하나가 술을 제조하는 일이었다. 그는 원래 두주불사였다. 그런데 그만 그것 때문에 심장에 이상이 와서 더 이상 술을 못 마시게 됐다. 40대 중반쯤 일이었다. 그 뒤 그는 술을 마시는 것을 그만두고 만드는 일에 집중했다. 지금도 그 일을 하고 있다. 막걸리를 고급으로 빚어 브랜드까지 만들어서 시중 판매를 하고 있다.

그가 또 관심을 많이 가지고 있는 것은 민족의 통일이다. 그것은 다시 고대사에 대한 관심으로 이어졌다. 고대사를 공부하기 위해 동북아지역 여기저기로 역사기행을 많이 다녔다. 뜻이 맞는 사람들과 세미나도 많이 개최했다. 재일동포 교육기관인 조선학교를 지원하는 몽당연필이라는 단체에서 활동하면서 많은 지원을 했다. 그는 지금은 비록 어려움이 있어도 우리 민족의 저력으로 반드시 고대사의 영광을 재현하리라는 믿음을 갖고 있다.

그는 지금 인천광역시 미추홀구 학산문화원 원장이 되어 지역의 전통문화를 연구하고 빛내기 위한 여러 가지 사업을 추진하고 있다. 젊은 날 형 때문에 고통을 받은 집안 사정에도 불구하고 형의 뒤를 따라 시위를 해서 구속되었던 그는 반세기 가까이 지난 오늘도 그날의 결의를 잊지 않고 살아가고 있다.

전두환을

대통령으로

인정할 수 없다

김경(욥교 78)

1980년 4월 1일 늦은 오후. 경희대학교 본관 앞 분수대 광장에 학생들이 모여들기 시작했다. 이날 점심때 법대 학생들을 중심으로 시작된 총장사퇴 시위에 다른 과 학생들도 호응하면서 캠퍼스 전체가 '총장사퇴' 구호로 뒤덮였다. 캠퍼스 여기저기서 시위하던 학생들이 본관 앞으로 모였다. 학생들은 조영식 총장이 나와서 사퇴를 선언할 것을 요구했다. 그러나 본관 총장실에서는 아무런 반응이 없었다.

한참 시간이 흘렀다. 학생들은 계속해서 '총장사퇴' 구호를 외쳤다. 당시에는 집회를 이끌고 갈 주체가 불분명했다. 총학생회는 아직 구성되지 않았다. 몇 군데 단과대학 회장이 선출되었지만, 총학생회장은 이후 끝내 선출하지 못했다. 총학생회가 없는 상태에서 단과대학 회장들이 전체 학생들의 집회와 시위를 이끌어갈 명분이 있는 것은 아니었다. 게다가 그들 중 다수는 그럴 의지도 없었다.

자연스럽게 집회와 시위를 이끌 능력과 의지를 가진 사람들이 나설 수밖에 없었다. 그들이 바로 2월부터 학원민주화추진위원회(학민추)를 구성한 사람들이었다. 그중 한 명이 앞에 나서서 구호를 외치고 시위를 이끌었다. 그때는 집회에서 함께 부를 노래도 마땅치 않았다. 그러니 구호만 계속 외칠 수밖에. 그런데도 학생들은 목이 터져라 구호를 따라 외쳤다. 놀라운 일이었다. 대중의 투쟁이 고조될 때 나타나는 현상이었다.

한참 시간이 지난 뒤 조영식 총장이 수십 명의 학장, 교수들을 대동하고 본관 정문 계단을 따라 걸어 내려왔다. 그는 약간 긴장한 듯하였으나, 평소 하던 대로 엷은 미소를 지으며 여유 있는 모습을 보이려 애썼다. 계단 중간쯤 내려온 그의 첫마디는 "나는 여러분을 사랑합니다"였다. 그러자 학생들 속에서 "딴소리 그만하고 빨리 사퇴한다고 말하세요"라는 소리가 날카롭게 울려 퍼졌다.

마이크를 잡고 사회를 보던 학생이 "우리는 그런 말을 들으려 온 게 아니다"라고 하면서 다시 "총장사퇴"라는 구호를 외쳤고, 학생들도 일제히 따라 했다. 잠시 서서 그 광경을 지켜보던 조영식은 하릴없이 대동한 학장, 교수들과 함께 본관 안으로 다시 들어갔다. 이때 소리를 질렀던 사람이 바로 김경이었다. 이때까지도 학생들은 물론 학생과나 정보경찰에서도 김경을 잘 알지 못했다. 이 순간 이후 김경은 학생들 사이에서 일약 '투사'로 알려지게 됐다.

이 사건은 조영식 총장과 학교 측에 굉장한 충격을 주었다. 경희대를 비롯하여 설립자가 총장 혹은 이사장을 계속하는 대학에서 그를 직접 비판하는 것은 용납되지 않는 일이었다. 이때까지 학생들에게 잘 알려지지 않은 일이었지만, 사실 경희대의 설립자는 조영식이 아니다. 경희대는 신흥무관학교를 설립한 이회영 선생의 동생인 이시영 초대 부통령이 설립한 '신흥학교'를 인수한 조영식 일가가 교명을 바꾼 것이다.

그럼에도 조영식과 학교 측은 이런 사실을 숨기고 조영식을 마치 절대적인 어버이처럼 학생들이 인식하도록 조장했다. 심지어 매주 월요일 분수대 앞에서 '민주시민특강'이란 이름으로 조영식이 나서서 중고교의 아침조회 같은 것을 하면서 학생들을 계몽시킬 정도였다. 그런데 바로 그 자리에서 많은 학생이

"조영식 사퇴하라"라고 소리를 지른 것이다. 특히 조영식이 말하는 도중에 그것을 자르고 빨리 사퇴하라는 구호를 외친 학생이 있다는 건, 그들의 사전에는 있을 수 없는 일이었다.

조영식이 들어간 뒤 학생들은 다시 구호를 외치며 성토하다 장소를 크라운관으로 옮겨 철야농성에 들어갔다. 이때부터 40일에 가까운 총장사퇴 투쟁이 벌어졌다. 그리고 이어서 전두환 신군부에 대한 반대 투쟁이 전국적으로 벌어졌고, 경희대도 그 투쟁을 며칠 동안 치열하게 전개했다. 5월 15일의 서울역 회군 이후 학생들의 투쟁이 소강상태가 된 사이 전두환 신군부는 계엄 확대를 감행했고, 대학마다 계엄군이 진주하면서 휴교에 들어갔다.

5.17계엄 확대 조치 이후 무려 1,000여 명에 대한 검거령이 내려졌는데, 김경도 그중 한 사람이었다. 김경이 전두환 신군부 규탄 투쟁에 적극 참여한 것은 사실이지만, 그가 검거 명단에 들어간 것은 학교 측의 보복 조치가 작용했을 것이라는 의구심이 든다. 경희대학교는 1975년에도 그랬던 전력이 있다. 1974년의 총장사퇴 요구 투쟁에 나섰던 학생 가운데 일부가 이듬해 시국 시위에 참여하지 않았음에도 제적을 당했던 것이다.

당시 학교는 관할 경찰서와 긴밀한 공조 관계를 유지하고 있었다. 경찰은 학생과를 통해 많은 정보를 얻었고, 청량리경찰서에서 파견된 형사는 학생처 사무실에 상주하며 마치 처장이나 과장인 듯 행세했다. 총장사퇴를 요구하는 '학내 시위' 적극참여자들을 검거 대상으로 경찰에 요청했을 가능성은 충분하다. 그런 점에서 특히 학교 측이 누구보다 미워했던 김경에 대한 정보를 경찰에 제공했을 가능성은 매우 높다.

김경은 다행히 그날 검거되지 않았다. 며칠 아는 사람 집을 돌아다니다 자기처럼 피해 다니는 학교 동료들을 만났다. 수배된 사람도 있었고, 수배 여부를 잘 몰랐던 사람도 있었다. 그들의 동향을 듣고 정세에 대해 논의하던 김경은 계엄사에 자진출두했다. 계엄사에서 청량리경찰서로 이첩된 뒤 엄청난 몽둥이찜질을 당했다. 당시 무더위에도 반팔을 입기 어려울 정도로 팔에 멍 자국이 시퍼렇게 나 있었다.

자진출두한 덕분인지 김경은 훈방됐다. 하지만 학교에서는 결국 제적됐다. 조영식을 만인 앞에서 망신을 주었으니 다시 학교를 다닌다는 것은 생각하기 힘든 일이었다.

지루한 여름을 보낼 일이 막막하던 차에 동기들이 부산에 내려가자고 제안했다. 부산에 있는 이상희를 만나 함께 공부를 하자는 것이었다. 그래서 동기들끼리 부산으로 가 합숙을 하면서 공부도 하고, 앞으로 무슨 활동을 해야 하는지 이야기를 나누기도 했다.

이때 김경과 함께 합숙했던 동료의 이야기를 빌자면 김경은 전두환의 얼굴이 나온 신문만 보면 갈갈이 찢었다고 한다. 전두환은 그동안 숨어서 영향력을 행사하던 단계를 벗어나서 국가보위비상대책위원회(국보위)를 만들고 스스로 상임위원장 자리에 앉은 뒤 언론에 얼굴을 내밀면서 권력의 완전한 찬탈을 진행해 나가고 있었다. 이제 전두환이 언제 대통령 자리에 앉느냐가 시간문제인 때였다.

당시 동료들은 이구동성으로 그런 김경의 모습을 보면서 정말 '전투적'이라는 게 무엇인지 느끼게 됐다고 말했다. 하지만 김경은 사실 투쟁적이기만 한 사람은 아니었다.

1979년에 만들어진 서양사상연구회에 뒤늦게 들어간 김경은 본래 문화운동에 대한 꿈을 꾸고 있었다. 당시만 해도 정치적 자유가 보장될 듯했던 서울의 봄이 김경으로 하여금 그런 생각을 갖게 했던 것이다. 그런데 그의 꿈은 서울의 봄이 짓밟힘과 동시에 산산이 부서졌다.

김경은 어느덧 열혈투사로 변한 자신을 발견했다. 제적생으로서 학교로 돌아가지도 못할 상황이었다. 문화운동은 이제 한가한 일처럼 느껴졌다. 이런 시국에 어떻게 싸워야 하는가만 머릿속에서 맴돌았다. 그러던 중에 전두환이 곧 통일주체국민회의에서 대통령으로 선출될 것이라는 소문이 돌기 시작했다. 언론도 그런 분위기를 만들어 나갔다. 당시 동료들은 김경이 계속 '전두환을 절대로 대통령으로 인정할 수 없다'라고 되뇌는 말을 들었다고 한다.

부산 합숙을 끝내고 서울로 올라왔다. 앞으로 무엇을 해야 할까 고민하던 중에 정해랑(국문 77)에게 연락이 왔다. 그는 유인물 배포 사건으로 구속되었다 기소유예로 풀려난 지 며칠 되지 않은 상태였다. 그가 제적이나 정학당한 사람들로 팀을 짜서 시위를 하자고 제안했다.

김경은 조금의 망설임도 없이 동의했다. 제적당한 정해랑, 무기정학당한 박병식(국문 79), 유기정학당한 정형서(의대 78)와 넷이 한 팀이 될 것이라고 했다. 그런데 며칠 뒤 동기인 이효인(행정 78)이 찾아와 정해랑의 집에 함께 가자고 했다. 무슨 일인가 했더니 시위 팀에 두 사람을 더 넣자는 이야기를 하러 가자는 것이었다. 2학년 최낙범(토목 79), 김재관(국문 79)이었다. 이번 시위에 참가하지 않을 이효인이 정해랑한테 가서 이야기를 하면 자칫 그 집 식구가 보고 나중에 경찰에 알려질 수도 있으니 시위에 함께 참여할 김경이 그 이야기를 하는 게 좋겠다는 이야기였다.

당시 정해랑의 집은 인천 부평역에서 버스로 30분 정도 더 들어가는 계산동이었다. 김경은 가본 적이 없고, 이효인이 아는 곳이었다. 아마도 이효인 역시 누군가의 지시를 받고 한 일이겠지만, 김경은 대략 짐작이 갔어도 모른 척했다.

김경은 이효인과 함께 정해랑을 찾아가 시위팀에 두 사람을 추가하자고 제안했다. 약속한 대로 이효인은 김경에게 집을 가르쳐주고 빠지고, 김경 혼자 들어가서 이야기를 하기로 했는데 그만 정해랑의 어머니가 보고 들어오라고 하는 바람에 가족들에게 알려지게 됐다. 하지만 이 사실은 다행히 경찰에게는 전혀 알려지지 않았다. 덕분에 최낙범과 김재관에게는 정해랑이 제안을 해서 동의를 받은 것으로 되었고, 이 사실은 영원한 비밀에 부쳐졌다.

1980년 9월 8일 최낙범의 집에 시위를 주동하기로 한 여섯 명이 모였다. 정해랑이 쓴 유인물 초안을 김경이 볼펜으로 등사지에 옮긴 다음 등사기를 돌려서 유인물을 만들었다. 김경은 훗날 경찰이 시위 주동자들이 '혼숙'을 했다고 몰고 갈 것을 우려해 혼자 집에 가서 자고 오겠다고 했다. 다른 사람들은 최낙범의 집에서 유인물을 만들고 함께 잤다.

집으로 간 김경은 며칠 동안 고민한 일을 실행에 옮기기로 결심했다. 전두환이 대통령이 되고 대학이 개강한 뒤 첫 번째 시위인데 그냥 밋밋하게 해서는 안 되겠다고 생각했다. 아무리 생각해도 충격을 주는 행동이 필요했다. 김경은 동맥 절단을 마음먹었다. 면도칼을 주머니에 넣었다. 함께 시위를 하기로 한 동료들에게는 전혀 이야기하지 않았다. 말하면 틀림없이 말릴 것이기 때문이었다.

거사일인 9월 9일은 맑고 화창했다. 김경은 학교 뒷문 부근인 휘경동에서 나머지 동료들과 만났다. 정해랑과 헤어진 뒤 다섯 명이 학교로 들어갔다. 점심시간이었다. 시위를 시작하자마자 김경은 노천극장 계단으로 가서 동맥을 그었다. 피가 흘러내렸다. 주위 사람들이 놀라서 소리를 질렀다. 정형서가 달려와 지혈을 하고 부축했다. 김경은 있는 힘을 다해 유인물을 끝까지 읽었다.

'살인마 전두환을 민족의 이름으로 처단하자!'

9월 9일 시위는 언론 통제로 일반 시민들에게는 거의 알려지지 않았다. 하지만 개강을 맞이한 대학가에는 엄청난 충격을 주었다. 특히 김경의 동맥 절단 사실은 입에서 입으로 퍼져 나갔다. 경희대에 이어 한신대, 연세대, 고려대, 동국대 등 여러 대학이 연이어 시위에 나섰다. 폭력 진압으로 민주세력을 굴복시켰다고 믿었던 전두환 정권은 시작부터 강력한 저항에 맞닥뜨렸다. 그 시발점을 연 것이 바로 김경과 그 동료들이었다.

김경은 그날 경희의료원으로 이송되었고, 어느 정도 치료가 된 뒤 청량리경찰서에 구속됐다. 이후 서울구치소를 거쳐 대전교도소에서 복역하다가 2년 뒤인 1982년 광복절 특사로 석방됐다. 구속되어 있는 동안 그는 노동운동을 하겠다는 결심을 굳혔고, 석방 뒤 인천에 있는 공장에 들어갔다. 이후 동기인 윤종천(토목 78)과 결혼해서 아들 둘을 낳았고, 손주도 보았다.

젊은 날, 동맥까지 절단하며 맹렬하게 싸웠던 김경은 오랫동안 그 후유증으로 고생했다. 더욱이 첫 아이를 가졌을 때는 비합법조직을 하다 수배까지 당해 상당한 어려움을 겪었다. 그 뒤 45년이란 긴 세월이 흘렀다. 이제 모든 것이 정상으로 돌아가리라 생각했지만 뜻밖의 '12.3 비상계엄' 앞에서 김경은 야만의 시절이 재현되는 것은 아닌가 하는 걱정이 앞섰다. 그동안 이 사회의 민주화를 위해 싸워왔던 많은 사람, 아니 민주화를 염원하는 모든 시민과 같이 김경도 윤석열 탄핵 투쟁 기간에 잠 못 이루는 밤을 보냈다.

이제 많은 것이 정상으로 돌아왔지만 그 옛날 전두환 규탄 투쟁에 이어 노동운동에 투신하면서 생각했듯, 이 사회의 근본적인 변화는 단지 정권만 바뀌어서는 안 된다는 것을 김경은 누구보다 잘 알고 있다. 20대 초반의 여대생 투사는 이제 할머니가 되었지만, 그날의 의지와 염원은 변함이 없다. 비록 이제는 주역의 자리에서 내려왔지만 내란 세력을 남김없이 청산하고 사회대개혁을 이루어야 한다는 간절한 염원으로 앞장서는 사람들을 응원하며 하루하루를 보내고 있다.

목사가 된 경희대 운동권의 가수

박병석(국문 79)

1970년대 말, 경희대 운동권에는 노래 잘 부르는 사람이 많았다. 윤종천은 한 달이 넘는 '총장퇴진' 농성 기간 동안 학생들에게 노래를 가르치며 이끄는 사람이었다. 그는 민요와 서양음악을 넘나들었다. '라노비아'는 여학생들의 가슴을 설레게 했고, 가곡 '명태'도 잘 불렀으며 민요 '진주 난봉가'도 꽤 멋들어지게 불렀다. 그의 노래 실력은 정말 대단한 것이었다.

윤종천과 긴급조치 때 공범이었던 정해랑도 노래를 꽤 잘 불렀다. 정해랑은 당시 '뽕짝'이라고 불렀던 트로트에 특히 뛰어났다. 잘 부르기도 했지만 많이 알고 잘 알기로도 유명했다. 한번 시작하면 끝이 없었다. 학교 앞 주점에서 젓가락을 두드리며 사람들의 흥을 돋우곤 했다. 많은 사람이 당시에도 오늘날처럼 트로트 붐이 일고 경연대회가 있었다면 한가락 하지 않았겠느냐며 농반, 진반으로 이야기하곤 했다.

하지만 윤종천이나 정해랑은 어쩌면 주변 사람들이나 인정하는 '아마추어 수준'이었다고 보아야 한다. 진짜 프로는 박병식(국문 79)이었다. 전남 순천이 고향인 그는 타고난 곱슬머리에 잘 빠진 몸매로 누가 봐도 예능에 '끼'가 있었다. 1979년에 인문계열로 입학한 그는 비공개서클인 흥사단아카데미에 들어갔다. 시국이 하 수상하고 유신체제가 종말을 고해 간다는 것이 느껴졌던 그 시절, 이념서클을 찾는 학생들이 이전보다 많았다. 그도 그중 하나였다.

노래를 잘 불러서 서클 선배들과 동료들로부터 찬사를 들었다. 특히 그는 이전 선배들과 달리 젓가락을 두들기는 대신 춤을 추면서 노래를 불렀다. 그 모습이 엘비스 프레슬리를 닮았다고 해서 '엘비스 박'이라는 별명이 붙었다. 당시에는 대학가요제, 강변가요제 등이 막 시작된 지 몇 년 안 되어서 대학생들에게 꽤 인기가 있었는데, 그는 그런 데 나가겠다는 생각은 없었던 듯하다.

이때만 해도 박병식은 자기가 들어간 서클이 당시 경희대 비합법조직 학생운동에서 핵심적인 역할을 하는 사람들이 있는 곳이라는 사실을 알지 못했다. 입학하기 한 해 전에 시위가 있었고, 그 시위를 주동한 사람이 자기 서클 회장이었다는 것을 듣기는 했지만, 그저 그러려니 했다. 그런데 시간이 흐를수록 여느 서클과는 좀 다른 데가 있다는 생각을 하기는 했다.

그해 봄에 대성리로 연합MT를 떠났다. 흥사단아카데미에서는 회장인 오인택(법학 77) 외에 윤종천(토목 78)만 함께 가고 그 외 선배들은 가지 않았다. 대신 같은 학번 동기인 1학년에서는 몇 명이 함께 갔다. 그 외에 국문과 선배들을 여럿 만났다. 박병식이 입학한 1979년에 경희대는 학과가 아닌 계열로 모집하였기 때문에 그때까지 그는 국문과가 아니었다. 하지만 아무래도 같은 문리대 문과라는 점에서 친숙함이 느껴졌다.

이때 만난 선배들이 72학번 이상희, 76학번 임우택, 77학번 정해랑이었다. 임우택과 정해랑은 술집에서 본 적이 있기는 했지만 잘 알지는 못했다. 경희문학회 멤버라고 했는데 1, 2학년은 오지 않았다. 군대까지 갔다 온 한참 선배인 이상희가 MT에 온 것이 좀 신기하게 느껴졌다. 당시만 해도 군대에 갔다 온 사람은 '어른'이라는 인식이 있었다. 그런 사람이 왜 애들 노는 데 왔을까 하는 생각이 들었던 것이다.

그 외에 기독학생회 소속의 정형서(의대 78)와 서양사상연구회 소속 학생이 다섯 명 정도 왔다. 회장은 2학년인 박영철(치대 78)이었는데, 3학년 한 명이었고, 1학년이 꽤 많이 왔다. 누군가 발제를 하고 토론을 하다 보니 자기가 속한 흥사단아카데미와 서양사상연구회 사이에 뭔가 견해 차이가 있는 느낌이 들었다. 그 차이는 아마도 현실에 어떻게 대응할 것인지에 대한 것이리라 여겨졌다.

발제와 토론이 일단락되고 저녁식사를 한 뒤 특별한 프로그램이 있었다. 불을 다 끄고 촛불을 켠 채 구속된 선배들을 기억하고 그들의 뜻을 기리는 것이었다. 전년도 시위로 구속된 하석태, 신명식, 신용남의 이름을 부르면서 가스펠 송을 개사해서 불렀다. 선배들은 익숙한 듯했는데 1학년들은 뭔가 어색한 느낌을 받았다.

어쩌면 가스펠 송이라는 것 때문에 그랬던 것인지 몰랐다. 나중에는 목사가 되었지만, 이때까지만 해도 교회와는 거리가 멀었던 박병식도 왜 이런 노래를 불러야 하는지 의아했다. 또 평소 그런 이야기를 많이 들었던 아카데미 1학년들과는 달리 서양사상연구회의 1학년들은 그런 분위기를 전혀 접해보지 못했던 모양이었다. 자연히 분위기가 이상하게 흘러갔다. 그때까지 서양사상연구회는 서클을 창립한 박영철의 의도와는 달리 움직이는 것 같았다.

'촛불 프로그램'이 끝나고 서양사상연구회 3학년과 박영철 사이에 언쟁이 벌어졌다. 1학년들은 특별한 견해를 표명하지 않은 채 경청했다. 그러다 3학년과 이상희 사이에도 격론이 벌어졌다. 3학년은 스스로 충분히 판단할 만큼 공부를 하지 않은 상태에서 이런 분위기로 몰아가는 것은 위험하다고 주장했다. 반면에 이상희는 이청준의 '조율사'를 이야기하면서 언제까지 공부하고 준비만 할 것이냐고 이야기했다.

박영철과 3학년은 언쟁을 하다 밖으로 나갔고, 자칫 분위기는 주먹다짐까지 할 수 있을 정도로 험악해졌다. 더 이상 싸움은 없었지만 진전된 내용의 합의도 없었다. 각자 알아서 술 마시고 떠들다 잠이 들었다. 이튿날 일어나서 아침을 먹고 정리하는 모임을 했다. 서양사상연구회 1학년 중에는 여기 오니 '개똥철학'이 판을 치는 것 같다고 부정적인 말을 하는 사람도 있었고, 행동이 없는 철학은 의미가 없다고 하는 사람도 있었다.

그날의 MT는 그렇게 마무리됐다. 이후 1학년들끼리 학교와 술집에서 자주 만나게 됐다. 서양사상연구회 1학년들은 MT가 상당히 충격적이었다고 했다. 내부 토론이 심화되는 가운데 박영철의 동기인 78학번 신입회원이 몇 명 들어왔고, 그 사람들과 3학년 사이에 격론이 벌어진 뒤 3학년은 탈퇴했다고 했다. 그 뒤 서양사상연구회는 아카데미와 급속하게 가까워졌고, 명실상부한 경희대 학생운동의 중심 서클 중 하나가 됐다.

1학년 1학기가 지난 뒤 여름방학에 농촌활동을 가게 되었다. 학교에서 인정받지 못한 상태에서 인원도 적었던 흥사단아카데미는 다른 서클과 함께 가는 방법을 모색했다. 논의 끝에 정형서가 소속돼 있던 기독학생회와 함께 가는 방안이 채택됐다. 그러면서 1학년끼리의 우애도 돈독해지고, 선배들과도 상호이해가 높아졌다.

2학기 때는 박병식만이 아니라 경희대 학생운동권에 충격적인 일이 벌어졌다. 아카데미의 중심 역할을 하고 있던 윤종천이 유인물 배포 사건으로 구속된 것이었다. 3학년 정해랑과 함께였다. 당시 서클 내 선배들의 분위기로 보아서 머잖은 시기에 이런 일이 있으리라 짐작은 했지만 막상 닥치고 보니 당황스러웠다. 더욱이 윤종천은 가장 믿고 따르던 선배였는데, 구속이 되어서 매우 마음이 아팠다.

정해랑과 윤종천이 구속되어 있는 동안에 10.26이 일어났다. 누구의 구속이라는 충격을 훨씬 뛰어넘는 충격이었다. 모든 것을 다시 점검하고 재편해야만 했다. 아카데미도 학교 부근에 방을 얻어서 합숙에 들어갔다. 오인택이 지도했고, 1학년들이 참여했다. 그러면서 서양사상연구회 친구들과 자주 보면서 생각을 교환했다. 두 서클은 어느덧 거의 한 서클인 양 움직이게 됐다.

긴급조치가 해제되고 구속되었던 사람들이 풀려났다. 선배들은 다른 학교와 마찬가지로 학원민주화추진위원회를 구성했다. 아카데미 회장인 오인택이 위원장이 됐다. 제적되었던 사람들은 복학을 했다. 그렇게 서울의 봄이 왔다. 박병식도 신이 났다. 복학한 전 회장 하석태를 총학생회장으로 선출할 것이라는 이야기가 들렸다. 그런데 4월이 되면서 갑자기 총장사퇴를 요구하는 시위가 일어났다. 박병식도 그 시위와 농성에 적극적으로 참여했다.

40일 가까운 총장사퇴요구 시위 농성과 며칠 동안의 반정부 시위를 거친 뒤 5.17비상계엄 확대 조치가 취해졌다. 박병식은 6개월 유기정학에 처해졌다. 이때까지만 해도 박병식은 무엇을 어떻게 해야 할지 전혀 감이 잡히지 않았다. 전두환에 대한 분노는 치솟았지만 마땅한 대응책이 없었다. 그러던 중에 정해랑이 연락을 해왔다. 박병식은 2학년이 되면서 국문과로 지원했고, 오인택, 윤종천과 친한 정해랑과 같은 서클 선배처럼 친하게 지내던 터였다.

정해랑이 시위를 제안했다. 박병식은 바로 동의했다. 언젠가 자신도 그래야 한다는 생각을 이미 오래전에 했고, 전두환이 광주에서 학살을 자행하고 대통령까지 되었는데 그냥 두고 볼 수는 없다고 생각하던 참이었다. 단지 직접 나서서 시위를 조직할 엄두가 나지 않았는데 선배가 하자고 하니 금세 동의한 것이다. 시위 구성원들은 1학년 MT부터 총장사퇴요구 시위농성 기간을 거치며 더욱 친밀해진 동지들이었다.

그해 9월 8일, 시위 주동자들이 최낙범(토목 79)의 집에 모여 시위 계획을 짜고 유인물을 제작했다. 그리고 이튿날인 9월 9일에 휘경동에서 만나 점심때쯤 학교에 들어갔다. 날은 맑았다. 요즘 식으로 말하면 '데모하기 딱 좋은 날'이었다. 아직 휴교의 여파가 채 풀리지 않은 듯 학생들은 뭔가 침울한 느낌이 있었다. '과연 우리의 시위에 얼마나 호응할까' 궁금했다.

문리대 앞에 모인 최낙범과 김재관, 박병식은 구호를 외치면서 유인물을 나눠주었다. 얼른 받아서 가방에 넣는 사람도 있었지만 우물쭈물하며 피해 가는 사람이 대부분이었다. 보란 듯이 내버리고 도망가는 사람도 있었다. 하지만 그마저도 아주 짧은 순간이었다. 지나가는 학생보다 더 많은 것처럼 느껴지는 경찰, 학생과 직원이 최낙범과 김재관을 붙잡아서 끌고 갔다. 박병식은 재빨리 정형서와 김경이 있는 곳으로 뛰었다.

박병식을 잡으러 오던 형사들이 문득 멈추었다. 노천극장 스탠드에 피가 흘러내리고 있었다. 김경이 동맥을 면도칼로 그은 것이었다. 어제 시위 계획을 짤 때까지 전혀 거론되지 않던 일이었다. 정형서와 김경을 잡으려던 경찰들은 주위를 둘러싼 학생들의 험악한 분위기를 느끼고 그냥 바라만 보고 있었다. 김경은 준비된 유인물을 끝까지 읽었다.

"살인마 전두환을 민족의 이름으로 처단하자!"

유인물 낭독이 끝난 뒤 김경은 정형서의 부축을 받으며 경희의료원으로 내려갔다. 그 순간 피해야 한다고 생각한 박병식은 뒷문 쪽으로 달렸다. 최낙범의 집으로 갔다. 어제 쓴 등사기를 가져와서 또 쓰려고 한 것이다. 하지만 이미 형사들이 최낙범의 집에 먼저 와서 등사기까지 몽땅 가져간 뒤였다. 하마터면 거기서 잡힐 뻔했던 것이다. 버스를 타고 움직인 박병식으로서는 그들의 기동성을 따를 수 없는 게 당연했다.

방향을 바꾸어서 현장에서 잡히지 않았을 때 만나기로 약속한 곳으로 갔다. 경찰에 끌려가면 시위가 끝난 뒤 종로서적에서 만나기로 했다고 진술하기로 입을 맞췄다. 사실은 압구정동 카페에서 만나는 것이 진짜 약속이었다. 이곳에서는 1시부터 10분 내에 안 오면 그냥 가기로 했다. 그리로 갔다. 거기서 정해랑을 만났다. 나머지는 전부 연행됐다. 정해랑은 현장에 가지 않기로 원래부터 계획되어 있었다.

박병식은 정해랑에게 광주로 내려가겠다고 했다. 그곳에서 더 편하게 지낼 수 있을 것이라고 했다. 그리하여 박병식의 도피생활이 시작됐다. 겨울이 되자 서울에 올라와 정해랑과 만나 여러 가지 이야기를 나누었다. 그리고 다시 광주로 갔고, 이듬해 봄에 경찰에 자진 출두했다. 앞에 들어간 사람들과 입을 다 맞추어 놓은 상태였고, 웬만한 것은 모두 정해랑에게 미루면 되어서 크게 어려운 일은 없었다.

계엄이 해제되었기 때문에 군사법원이 아닌 일반 법원에서 재판을 받는데 집행유예가 선고됐다. 출소한 박병식은 기독교장로회에서 하는 선교교육원에 들어갔다. 거기서 전도사 자격을 얻고 제일교회에서 근무했다. 교회 내 보수세력의 시위로 교회를 빼앗겨서 일요일마다 중부경찰서 앞에 가서 예배를 드리기도 했다. 제일교회를 떠난 뒤 경기도 부천에서 중식당을 운영하는 등 한동안 힘겹게 지내기도 했다.

　박병식은 고등학교 때부터 사귀던 한 살 아래의 연인이 있었다. 그이와 출소 뒤 결혼을 했다. 경희대 학생운동권에서 선배들을 제치고 매우 일찍 결혼한 케이스였다. 이후 삶의 방향을 목회로 잡고 전주로 내려가 목회 생활을 하고 있다. 가수로 나갔어도 충분히 성공했을 박병식은 그 재능을 예배 인도 때 신도들에게 좋은 음악을 들려주는 데 쓰고 있다. 어차피 사람을 즐겁게 하고, 하나님을 기쁘게 하는 일이라고 박병식은 생각하고 있다.

지사의 원칙과 상인의 현실인식을 함께 갖다

2021년 9월 5일, 은평구에 있는 불광문고가 문을 닫았다. 1996년에 문을 열었으니 25년 만이다. 그 전해인 2020년 8월 17일에는 마포구에 있는 한강문고도 문을 닫았다. 한강문고는 2007년에 문을 열었으니 13년 만에 문을 닫은 것이었다. 두 서점의 대표는 경희대학교에서 학생운동을 했고, 인천에서 노동운동을 했던 최낙범(토목 79)이다. 그는 경희대 학생운동권 출신 중 사업을 해서 가장 성공한 사람이라고 해도 과언이 아니다.

그가 처음 서점을 시작했을 때 의아하게 생각하는 사람이 많았다. 우선 그의 사업적 능력에 대한 의구심이었다. 학생운동과 노동운동을 한 그의 경력을 볼 때 과연 사업을 잘 해낼 수 있을지 우려했던 것이다. 또 하나는 서점 사업 자체가 대형서점이 아니면 사양산업이라고 볼 수 있는데 굳이 그것을 해야 하느냐는 것이었다. 하지만 그는 불광문고 개업 10년 만에 한강문고를 열면서 보란 듯이 사람들의 걱정을 일축해 버렸다.

　최낙범은 경희대 학생운동권 중에서는 비교적 부유한 집안에서 성장했다. 그의 아버지는 인사동에서 고미술품 판매를 했는데, 여러 자식 중에서 막내인 최낙범이 아버지가 하는 가업을 이을 것으로 생각했다고 한다. 그런데 그런 아들이 시위를 해서 제적 구속되고, 이어서 복학도 하지 않은 채 노동운동을 하니 여간 마음이 상한 것이 아닌 모양이었다. 하지만 피는 못 속인다고, 결국 그도 사업에 뛰어들었다.
　그가 학생운동을 하게 된 계기는 신입생 시절 '소크라테스의 독배의 의미를 알고 싶은 사람은 오라'는 서양사상연구회 서클 홍보 포스터를 보고 마음이 끌렸던 것이다. 그때만 해도 그 서클이 새로 생긴 것이고, 그것도 한 학년 위인 박영철(치대 78)이 혼자서 만든 곳이라고는 전혀 예상하지 못했다. 뭔가 심오한 철학적 깊이가 있는, 유서 깊은 서클로 생각했던 것이다.

　공대에 지원해서 입학했지만 그는 고교 시절부터 문학을 하고 싶어했다. 그래서 철학을 한다는 서클에서 문학을 하기 위한 소양을 쌓겠다고 생각했던 것이다. 서클에 들어가 보니 신입생이 꽤 많았다. 재미있는 것은 1학년은 거의 다 재수를 했는데, 2학년인 회장은 고교 졸업 후 바로 입학한 사람이었다. 그래서 이들은 서로 친구처럼 지내기로 했다.

처음부터 회장의 카리스마가 상당히 마음에 들었다. 회장은 무언가 현실에 대한 비판적인 분위기로 서클을 끌고 가려고 하는 듯했다. 그런데 77학번이 들어오더니 제동을 걸었다. 그는 작년에도 시위로 세 명이 구속되었는데, 그런 행동보다는 좀 더 성숙한 깊이 있는 철학을 지녀야 한다고 강조했다. 1학년들이 3학년의 말을 더 좇으면서 창립자인 회장의 뜻대로 서클이 움직이지 않는다는 것을 느낄 수 있었다.

나중에 안 일이지만 회장인 박영철은 비합법조직의 일원이었고, 새로 만든 서클을 비합법조직의 지침대로 끌고 가려고 했는데 그것이 제대로 안 되었던 것이다. 이 문제는 연합MT에서 더욱 극명하게 드러났다. 최낙범을 비롯한 1학년들은 취지도 잘 모르는 채 회장의 제안에 따라 대성리 MT에 따라갔다. 흥사단아카데미, 경희문학회, 기독학생회 등에서 왔는데, 1학년도 많지만 선배도 여러 명 있었다.

거기에서 이 시국에 대응해서 행동에 나서야 한다는 견해와 좀 더 내적인 준비를 하면서 신중하게 대응해야 한다는 견해가 선배들 사이에서 나뉘었다. 그런데 자세히 들어보니 서양사상 연구회의 3학년과 다른 선배들 사이의 차이였다.

MT를 갔다 온 뒤 1학년들은 많이 동요하고 의견이 엇갈리기 시작했다. 최낙범은 여기서 본 다른 서클의 선배 중에 정해랑(국문 77)에게 끌렸다. 다른 무엇보다 그가 문학회 회장이라는 점에서 더 끌렸다. MT를 다녀온 뒤 그를 개인적으로 몇 차례 만났다. 그가 문학회에 들어오라고 권유했지만 지금 있는 서클에서 열심히 해본 뒤에 결정하겠다고 했다. 최낙범은 앞으로도 문학을 하겠다는 생각이 강하게 있었다.

그러던 중 2학년이 서클에 들어왔다. 이효인(행정 78)이었다. 그는 들어오자마자 3학년과 논쟁을 벌였고, 결국 그를 서클에서 나가게 했다. 언뜻 뭔가 다른 조직에서 들여보낸 것 아닌가 하는 생각도 했지만 나중에 알고 보니 그런 것은 아닌 듯했다. 오히려 서양사상연구회를 통해서 비합법조직에 새로 결합된 듯했다. 그런 가운데 2학기가 되고 정해랑, 윤종천이 유인물 배포 사건으로 구속됐다.

최낙범은 특히 많은 대화를 나누었던 정해랑이 구속되면서 스스로 많은 변화를 느꼈다. 그가 성동구치소(지금의 동부구치소)로 옮긴 뒤 면회가 금지된 상태에서 책을 반입해 주었다. 당시 성동구치소에 가려면 버스에서 내려 비포장도로를 한참 걸어야 했다. 최낙범은 그 길을 걸으며 언젠가 자기 어머니나 형, 누나가 이 길을 걸어서 자기한테 올지도 모른다고 생각했다. 그것이 그다지 비현실적이라는 생각이 들지 않았다.

10.26사태가 나고 학교는 휴교를 했다. 박영철이 합숙을 제안했다. 방을 얻어 함께 합숙하면서 공부를 했다. 이즈음 김경(영교 78)을 비롯한 78학번 여학생들도 서클에 들어왔다. 음대생도 있었다. 김경 역시 재수를 하지 않아서 1학년들과 친구처럼 지냈다. 같이 공부를 하면서 이후에 벌어질 상황을 논의했지만, 사실 그때까지는 바로 코앞에 닥친 변화에 대해서 전혀 감이 오지 않았었다.

긴급조치가 해제되고 제적생들이 복학된다고 했다. 여전히 계엄 상황이었지만 대부분의 사람은 그것을 피부로 느끼지 못했다. 선배들은 학원민주화추진위원회(학민추)를 만들고 공청회를 열었다. 회장인 박영철이 거기에서 중요 직책을 맡았다. 여기서는 총학생회, 단과대학 학생회 구성을 비롯하여 학내 민주적 조직을 구성하기 위한 활동 등을 했다.

214

1980년이 되면서 서양사상연구회는 사회과학연구회로 이름을 바꾸었다. '사과'라는 약칭으로 불리는 경희대 학생운동의 비합법 서클이 비로소 제 이름을 갖춘 것이었다. 최낙범은 조직의 요청에 따라 토목과 2학년 과대표에 출마하여 당선됐다. 과대표들과 학회장들의 모임도 구성했다. 경희대 학생들의 민주적 의결구조가 탄생하기 위한 기본적인 준비가 착착 진행됐다. 서클연합회도 어느 정도 모습을 갖추었다. 단과대 회장 선출도 시작됐다.

그런데 뜻하지 않은 일이 발생했다. 4월 1일에 총장사퇴요구 시위가 법대를 중심으로 벌어졌는데 놀랍게도 거의 전교생이 이 시위에 참여했다. 경희대와 같은 사립대는 시국 시위보다 학원민주화 요구 시위가 좀 더 빈번하게, 강도 높게 발생하는 것이 전례였다.긴급조치 발동은 시국 시위를 막기도 했지만, 학원민주화 요구 시위를 억압하는 데도 일조했다.

길게 이어지는 총장사퇴요구 시위와 농성은 총학생회장 선출을 불가능하게 했고, 학민추가 중점사업으로 추진하는 학내 민주적 의결구조와 서클연합회 등도 무산시켰다. 최낙범은 얼마간 허탈한 마음이었다. 40일 가까이 이어진 총장사퇴요구 시위 농성은 끝을 맺고, 이어서 벌어진 시국 시위는 5월 15일 이른바 서울역 회군으로 종료됐다. 이어서 5월 17일 토요일 밤에 비상계엄이 확대되었고, 학교에는 휴교령이 내려졌다.

많은 선배들이 수배됐다. 그때 마침 최낙범의 누나가 애를 낳기 위해 친정에 가면서 살던 아파트가 비었다. 선배들을 그 아파트에서 지내게 하면서 유인물을 제작하여 시내 곳곳에 뿌렸다. 문제가 발생해서 일단 해산했다. 유인물은 오인택, 정해랑, 박영철 셋의 책임으로 하기로 했다.

휴교 기간이 길어지면서 79학번인 2학년 팀의 핵심들이 공부하는 모임을 조직하자는 제안이 나왔다. 두 팀을 만들었다. 한 팀은 신용남(사학 77), 또 한 팀은 정해랑(국문 77)이 지도하기로 했다. 정해랑의 팀에는 최낙범, 김재관(국문 79), 유행철(건축 79) 외 두 명이 더 있었다. 나머지 팀도 다섯 명쯤으로 구성됐다. 그 팀은 몇 차례 공부를 하고 개강이 되면 어떻게 활동을 할 것인지를 논의하는 차원에서 더 나가지 못했다.

개강이 된 뒤의 어느 날 정해랑이 김재관과 함께 보자고 연락을 해왔다. 9월 9일 시위를 하는데, 두 사람이 같이 하자고 했다. 제일 먼저 개강하는 학교라서 누군가 시위를 할 거라는 생각은 했지만 2학년인 자기가 한다는 생각을 하지는 않았다. 하지만 반대하거나 망설일 이유도 딱히 없었다. 언젠가 하리라는 생각을 했으니까. 시위를 논의하고 유인물을 하는 장소로 최낙범의 집이 선택된 것도 자연스러운 일이었다.

최낙범의 집은 당시 영동대교 남단 바로 앞에 있는 청담동에 있었다. 2층집이었는데, 일단 2층으로 올라가면 무슨 일을 하는지 밑에서는 알 수가 없을 정도로 컸다. 유인물을 제작하고 시위 계획을 논의하기에 더없이 좋은 조건이었다. 사실 최낙범이 있었기 때문에 5.17 이후 시내 유인물 배포도 가능했고, 9월 9일 시위의 계획도 가능했다. 가족들도 최낙범처럼 주위 사람에게 베풀기를 좋아해서 친구들이 그렇게 몰려와도 별달리 이상하게 생각지 않았다. 하지만 바로 그 집에서 시위가 계획되고, 결국 막내아들은 집으로 돌아오지 못했다.

최낙범은 문리대 앞에서 유인물을 배포하고 구호를 외치다 제일 먼저 연행됐다. 같은 서클에서 의기투합했던 김경이 동맥을 절단했다는 소식은 경찰서에 가서 들었다. 정해랑은 어디에 있느냐, 어디서 만나기로 했느냐고 두들겨 맞았지만, 김경 소식에 아픈 줄도 몰랐다.

최낙범은 청량리경찰서에서 고초를 겪은 뒤 서울구치소로 이송됐다. 그리고 옥중투쟁이 대대적으로 벌어져서 안양교도소로 옮겼다. 거기서도 옥중투쟁이 벌어지고 승리해서 계엄법 위반자들끼리 합방을 할 수 있게 됐다. 그때까지 일반사범과 함께 있거나 독방에 있었는데 이번에는 정치범들끼리 합방을 한 것이었다. 그때 같은 방을 썼던 사람들은 최낙범이 남들 싫어하는 일을 도맡아서 하는 훌륭한 인품을 지녔다고 증언했다.

최낙범은 형이 확정되고 의정부교도소로 이감된 2년 뒤인 1982년 8.15특사로 석방됐다. 그러고는 노동현장에 투신하기 위한 준비를 하고, 인천에 가서 활동했다. 해고된 뒤 비합법조직에서 활동하던 그는 자신의 사업을 준비했다. 그렇게 불광문고를 창업하고, 이어서 한강문고도 문을 연 것이다.

서점을 하는 동안 그가 했던 활동 중 빼놓을 수 없는 것이 민주동문회였다. 최낙범, 하면 상인의 현실감각에 의한 사업 성공을 특징으로 들 수 있는데, 그 외에도 그는 이와 양립하기 어려워 보이는 '원칙을 준수하는 지사적인 면모'도 갖고 있다. 민주동문회 활동에서 그 단면을 볼 수 있다. 언젠가 회원 징계 문제로 어려운 시기기 있었는데, 그것을 원칙대로 단호하게 처리할 사람이 없었다. 그때 최낙범은 그 과제를 원칙대로 처리했다.

또 하나는 불광문고의 터전인 은평구의 지역활동이었다. 지역신문을 지원하고, 지역활동가들과 교류하면서 후원을 아끼지 않았다. 무엇보다 그는 서점과 출판에 관심을 많이 가지고 서점 경영자들이나 출판사 관계자들과 출판문화 진흥을 위해 애썼다. 특히 중소형 서점이 자리잡을 수 있도록 하는 공동활동을 많이 모색하였는데, 그것을 아는 사람들은 그가 결국 서점 문을 닫게 된 것을 매우 안타깝게 생각했다.

최낙범은 서점 문을 닫고 충청북도 단양에 전원주택을 지어 살고 있다. 그의 일생은 베풂과 헌신이었다고 그의 주위에 있던 많은 사람이 이야기한다. 하지만 지사와 같은 원칙 고수가 또다른 그의 중요한 특징임을 아는 사람은 그리 많지 않다. 또한 상인으로서 갖는 현실 인식은 그의 커다란 장점이었다. 어쩌면 그 두 가지를 겸비한 흔치 않은 특징이 그의 인생을 힘들게 하면서도 빛나게 한 것은 아니었을까?

....

이 책의 원고 집필을 마치고 출간을 준비하는 동안 최낙범 동지가 유명을 달리했습니다. 이 책의 주인공 중 한 사람인 고 최낙범 동지의 영전에 이 책을 바칩니다. 삼가 고인의 평안한 영면을 기원합니다.

고향으로 돌아가 시민운동가가 된 문학청년

김재관(국문 79)

김재관의 고향은 강릉이다. 강릉고등학교를 나온 뒤 고향을 떠났다. 재수를 해서 경희대학교 인문계열에 1979년에 입학했다. 그는 문학을 하고 싶어하는 문학청년이었다. 이후의 그를 생각하게 하는 사회운동에 대해서는 그 당시에 크게 관심도 없었고, 그럴 기회가 닿지도 않았다. 당시만 해도 누군가 제안을 하지 않으면 학생운동도 할 수 없었다. 학생운동은 주로 고교 선배들에게서 제안이 왔는데 그에게는 그럴 만한 사람이 없었다.

경희문학회는 문학회였지만 사실상 학생운동을 하는 서클이었다. 2학기 때 유인물 배포 사건으로 구속된 정해랑(국문 77)이 회장으로 있었고, '전환시대의 논리' '역사란 무엇인가'를 공부했다. 김재관은 문학을 하고 싶어했지만 그런 서클이 있는지 알지 못했다. 경희문학회에서도 김재관과 같은 인재가 있다는 것을 몰랐다. 아마도 김재관이 학교생활에 충실할 수가 없어서 주변에 알려지지 않았기 때문이었을 것이다.

하지만 마냥 현실을 외면하고 살 김재관이 아니었다. 그가 학교생활에 충실하지 못했던 것은 집안이 어려워지면서 학비를 마련해야 했기 때문이다. 당시는 과외 이외에는 알바 자리가 별로 없었다. 그는 공사장에서 알바를 했다. 덕분에 일찍부터 노동 현실을 깨달았다. 그리고 영등포에서 하는 야학에서 교사로 활동했다. 검정고시 야학이었는데, 경희대 선배들이 많이 교사로 참여했다.

1980년, 김재관은 2학년이 됐다. 그는 국어국문학과를 지원했다. '어문계열'에서 갈 수 있는 곳은 영문과, 사학과, 국민윤리학과(이후 철학과) 등이 있었지만 그는 원래부터 국문과를 원했다. 2학년이 되어서야 경희문학회가 있다는 것을 알고 가입했다. 1979년에 회장이었던 정해랑이 제적되면서 등록이 취소된 서클이었다. 그 이전에는 등록이 되어 있었지만 활발하게 활동하지 못하는 제약이 있어서 그런지 김재관의 눈에 들어오지 않았던 곳이었다.

봄이 되자 그 외의 서클들도 홍보를 많이 했다. '서울의 봄'이 만들어낸 정치적 자유가 낳은 현상이었다. 그런데 경희문학회는 문학보다 다른 책을 많이 공부했다. 처음에는 그것이 이해가 잘 되지 않았지만 곧 김재관은 훨씬 흥미를 느꼈다. 자신도 모르게 사회현실에 대한 이해와 비판에 목이 말랐다는 것을 느꼈다. 당시 유행하던 『서양경제사』를 통한 경제사 공부는 세상의 이치를 많이 알게 했다.

한편에서는 학원민주화를 위한 작업들이 진행됐다. 총학생회장을 뽑는다고 했다. 그 이전에 단과대 학생회장을 먼저 뽑기 시작했다. 김재관이 속한 문리대에서는 사학과 출신의 복학생이 선출됐다. 경쟁자는 국문과 출신 복학생이었는데 정해랑을 비롯한 국문과 선배들은 같은 과라도 그 사람에게 투표하지 말라고 했다. 학도호국단 사단장을 노리다 상황이 바뀌니 문리대 학생회장을 하겠다고 나선 인간이라는 것이었다. 선배의 말대로 했다.

이어서 각 과 학회장과 학년별 대표를 뽑았다. 그들을 통해 학생들의 민주적 의결구조를 만들자는 것이었다. 학회는 이전에 있던 것인데 학도호국단 체제가 되면서 없어진 것이었다. 지금은 각 과 학생회가 있지만 당시에는 학회가 그 역할을 했고, 학회장이 그 대표였다. 김재관은 선배들의 권유에 따라 2학년 과대표로 출마했고, 국문과 학회의 부학회장이 됐다. 당시 경희문학회 회장이던 김성권(국문 74)이 학회장이 됐다.

4월 1일이 되면서 예상하지 못했던 총장사퇴 시위 농성이 시작됐다. 여러 가지 형식이 동원되면서 다양하게 전개된 농성은 무려 40일 가까이 계속됐다. 처음에는 크라운관에서 농성하다가 그 다음에는 총장실로 들어갔다. 어용교수 퇴출도 중요 이슈가 됐다. 모두 10명의 어용교수 명단이 발표되었는데, 그중 국문과에서만 두 명이 나왔다. 물론 신중하게 작성된 명단은 아니었지만 국문과 두 명은 누가 보기에도 교수 자격 미달이었다.

문제는 국문과에서 존경받던 소설가인 노교수가 어용교수로 지명된 두 사람이 사직하게 되면 자기도 그만두겠다고 나섰던 것이다. 국문과가 발칵 뒤집혔고 졸업한 선배들이 노교수의 집으로 몰려갔다. 학회장과 부학회장도 가야 했다. 떼로 몰려온 선배들은 그 자리에서 노교수를 우상시하며 그만두면 안 된다고 앞다투어 간청했다. 심지어 "교수님은 태양이시므로 태양이 없으면 우리 모두 죽는 수밖에 없다"라는 말까지 했다.

결국 어용교수들이 물러나지 않게 하겠다고 약속하는 선에서 노교수는 계속 학교에 나가겠다고 하고 문제가 마무리됐다.

김재관은 노교수의 집에서 벌어진 일들을 보면서 환멸을 느꼈다. 어용교수로 발표된 두 사람은 실력이나 인성 면에서 정말 두고 보기 힘든 사람들이었다. 1학년 때는 그중 한 교수가 제적당한 이상희를 인신공격하는 얘기를 들었다. 교수가 제자에게 저래도 되나 하는 생각을 했던 터였다.

당시 김재관은 이상희가 누구인지도 몰랐다. 학교 게시판에는 이상희라는 사람을 '학칙 66조 1항'에 의해 제적한다고 적혀 있었다. 당시에는 무슨 뜻인지 몰랐는데 나중에 그것이 '정치활동 금지' 조항이라는 것을 알았다. 이상희는 당시 기독청년협의회(EYC) 부회장이었는데, YH노조의 신민당사 농성을 강제 해산한 박정희 정권의 폭력을 비판하는 성명서를 발표했다고 했다. 김재관은 부조리한 사회와 싸울 수밖에 없다는 결의를 더욱더 굳게 했다.

총장사퇴 시위 농성이 끝나고 시국시위가 시작됐다. 첫날은 크라운관에서 집회를 하고 교문 앞까지 진출하였으나 흐지부지 해산했다. 둘째 날은 교문 앞에서 경찰과 대치하다 처음으로 최루탄을 맞아보았다. 그날 밤 세종문화회관 앞에서 시위를 한다고 해서 선배, 동료, 후배들과 함께 나갔다. 얼마 안 되는 시위대는 경찰에 의해 순식간에 진압됐다. 하지만 연행되는 사람은 거의 없었고, 그나마도 바로 풀려났다.

셋째 날에는 교문 앞에 경찰이 없었다. 여러 학교에서 교문 밖으로 진출했다. 경희대도 교문 밖으로 진출했다. 청량리쯤 가자 비가 오기 시작했다. 청계천과 종로 일대에서 산발적인 시위를 벌였다. 경찰이 쫓아오면 흩어졌다 다시 모여서 시위를 했다. 빗속에서 최루탄은 무력했고, 골목 사이로 흩어졌다 모이는 시위는 그 나름대로 묘미가 있었다. 밤늦게까지 그렇게 시위를 한 뒤 해산했다.

넷째 날은 맑았다. 5월 15일이었다고 기억한다. 스승의 날이었다. 교문 앞에 경찰은 없었다. 학생들이 어마어마하게 모였다. 경희대생 전체가 모인 것처럼 느껴질 정도였다. 청량리를 지나 청계천과 명동을 지나 서울역을 향해 나갔다. 경찰은 전혀 막지 않았다. 서울역 앞에 도착했을 때 학생회장단에서 무어라고 발표를 했는데 잘 들리지 않았다. 경희대는 총학생회장이 없어서 결정 사항이 제대로 전달되기 어려웠다.

조금 시간이 흐른 뒤 학생들이 갑자기 남대문을 향해 나아갔다. 경희대는 선두 부분에 있었다. 김재관도 그 대열에서 함께 나갔다. 남대문 앞에 진을 치고 있던 경찰들이 최루탄을 쏘았다. 일시 흩어졌던 학생들이 보도블록을 깨어서 집어던지기 시작했다. 학생이 아닌 시민들도 합세했다. 부근 건물 빌딩에 올라간 시민과 학생들이 경찰을 향해 돌을 던졌다. 그때까지만 해도 화염병을 던진다는 생각을 아무도 하지 않았다.

그때 시위 때문에 기사들이 세워 놓고 간 버스에 누군가 올라탔다. 그리고는 경찰 대오의 뒤를 향해 돌진했다. 김재관은 선두에 있었기 때문에 그 장면을 어느 정도 정확하게 볼 수 있었다. 차를 운전한 사람은 차를 다시 뺀 뒤 내려서 사라졌다. 누군지 정확하게 보지는 못했지만 나이가 어느 정도 된 사람으로 보였다. 학생이 아닌 것만은 분명한 것 같았다. 경찰들이 쓰러졌는데, 그중 한 명은 목숨을 잃었다고 다음 날 뉴스로 들었다.

이 사건은 영원히 미제 사건이 됐다. 흥분한 시민이 무모한 행위를 한 것이라고도 했고, 군사정권 측에서 요원을 투입해서 일으킨 조작사건이라는 설도 있었다. 경찰 대열은 남대문 앞에 있었고, 그 뒤에는 대오를 정비한 계엄군이 있었다는 이야기도 돌았다. 전두환이 시위 대열을 보고 장갑차 안에 숨어 있었다는 헛소문까지 있었다. 그날은 그 사건으로 경찰을 공격하기는 어려운 상황이 되어 버렸다.

해가 지고 어두워졌다. 학생회장단에서 뭐라고 했고, 그것을 받아서 경희대를 이끌던 복학생 한 명이 뭐라고 외쳤다. 그는 총장사퇴요구 농성 당시에 구성된 10인 소위의 한 사람이었는데, 스스로 나서서 시위대열을 지휘했다. 그가 외친 내용은 '오늘 우리의 의사를 충분히 보여주었으니 이제 학교로 돌아가자'라는 것이었다. 김재관은 왜 저런 말도 안 되는 소리를 하는지 모르겠다고 선배들한테 말했는데 아무도 반응을 보이지 않았다.

결국 시위대열은 학교로 돌아갔다. 도중에 빠져서 집으로 가는 사람도 많았다. 김재관은 이해할 수가 없었다. 이렇게 해산하고 나면 그다음에 전두환이 학생들을 그냥 보고만 있을 거라는 건가? 이런 결정은 누가 하는 것이고, 왜 우리 선배들은 그냥 받아들이는 것일까? 일주일 전쯤 총장사퇴 농성이 끝나고 아직 시국시위가 시작되기 전, 학교 앞 중국집에 20여 명이 모인 적이 있었다. 김재관도 그 자리에 함께했다.

그날 그 모임을 만들었다고 볼 수 있는 가장 고참 선배에게 전두환 신군부의 도발 가능성에 대해 몇몇 사람이 물었다. 당시 그는 '동교동, 상도동에도 정보망이 있는데, 그런 일은 없다고 보아야 한다'라고 답했던 기억이 났다. 아무리 생각해도 이상했다. 그러면 전두환 신군부가 그냥 앉아서 당할 것이라는 말인가? 군권은 그들이 장악했다고 하는데, 그것을 제어할 무력이 김대중, 김영삼에게 있기라도 하다는 말인가?

　5월 18일 아침이 됐다. 정해랑이 간밤에 열차를 놓쳐서 박병식의 집에서 잤다는 이야기를 듣고 그 집에 가서 만났다. 그리고 식당에 들어갔는데 신문에 대문짝만하게 써진 '비상계엄 전국으로 확대, 대학교 휴교'라는 기사 제목이 눈에 들어왔다. 정해랑에게 원망하듯 물었다. 이것 보라고. 정해랑도 당황하는 것 같았다. 사실 중국집에서 그런 질문을 가장 강하게 했던 사람은 정해랑이었다. 하지만 그런 대답을 들은 뒤 사실상 의문을 접은 듯 보였다.
　학교에는 공수부대가 진을 치고 있어서 들어갈 수가 없었다. 몇몇이 학교에 있다가 계엄군에 잡혀 혼찌검이 났다고 들었다. 상당히 많은 사람이 연행되고 수배됐다. 그렇게 시간이 어느 정도 흐른 뒤 정해랑이 연락을 해왔다. 2학년 팀을 만들 것이니 공부를 함께하자고 했다. 답답한 마음이었는데 잘 됐다 싶었다. 정해랑의 지도로 2학년 다섯 명이 한 팀이 되어 공부했다. 그런데 그 팀도 정해랑이 구속되는 바람에 얼마 후 중단됐다.

　석방되어 나온 정해랑이 다시 시위를 하겠다고 하면서 같이 하자고 했다. 공부를 함께하던 팀에서 최낙범도 시위 팀에 들어갔다. 날짜는 급박하게 잡혔다. 김재관은 마음의 준비가 되어 있지 않았지만 이런 현실에서 싸우지 않는 것은 말이 되지 않는다고 생각해 함께하겠다고 했다. 그러면서 이런 질문을 해보았다.

"형은 사르트르식 참여를 하려고 하느냐, 까뮈식 참여를 하려고 하느냐."

평소 궁금했던 것이었다. 그런데 정해랑은 아무 대답도 하지 않았다.

9월 9일 시위를 한 김재관은 정형서, 김경, 최낙범과 함께 청량리경찰서로 연행됐다. 계엄법 위반이었으므로 구속 기간 등에 제한이 없었다. 며칠 동안 엄청나게 맞았다. 특히 김재관이 많이 맞았는데, 그 이유는 같은 과, 같은 서클 선배인 정해랑이 갈 만한 곳을 대라는 것이었다. 공교롭게도 도망간 박병식도 같은 과 동기였다. 김재관은 그때 맞은 것 때문에 한동안 혼자서 소변도 보기 어려울 정도여서 최낙범의 도움을 받아야만 했다.

서울구치소와 안양교도소, 의정부교도소를 거치며 2년 가까운 징역 생활을 하면서 김재관은 많은 공부를 했고, 다양한 운동가들을 만났다. 안양교도소에 있을 때는 합방을 해서 계엄법 위반자들끼리 같이 있을 수 있었다. 이때 정해랑이 다른 사람의 이름을 빌려서 편지를 보냈다. 그는 그 편지에서 '사르트르 식 참여도, 까뮈식 참여도 아닌 걸 알겠지?'라고 말했다. 뭔가 새로운 세계가 열리는 느낌이 들었다.

1982년 8.15 특사로 석방된 김재관은 잠시 고향에 있다가 서울로 올라와 인천에 있는 공장에 취업했다. 해고된 뒤에는 인천지역의 노동운동조직에서 활동했다. 몇 년을 그렇게 일하다 강릉으로 내려가 시민운동을 시작했다. 그때까지만 해도 강릉은 시민운동의 불모지와 같은 곳이었다. 김재관처럼 학생운동과 노동운동의 경험이 많은 활동가는 소중한 자산이었다. 강릉 지역의 시민단체 사람들은 김재관이 고향에 와서 일하는 것을 매우 환영했다.

강릉에서 경실련을 만들고 활동했는데, 동해안을 따라 형성된 경실련 라인이 있었다. 거기에 이상희, 신경준 등 유능한 학교 선배들이 있어서 많은 도움을 받았다. 강릉 경실련 활동을 하다가 권익위원회에 가서 근무하고 다시 강릉으로 돌아와 시민운동을 계속했다. 안타깝게도 그는 몇 년 전에 유명을 달리했다. 시민사회장으로 장례를 치렀다. 강릉 시민사회는 고향으로 돌아와 시민운동의 불모지를 개척한 그를 결코 잊지 못할 것이다.

그해 5월 이후

- 정해랑

그해 5월에 나는 죽었어야 했다고

목숨을 던질 용기도 없고

세상에 대한 미련도 많았지만

구차하고 비굴하게 사느니

저 세상으로 가야 했다고

한참 동안 아주 한참 동안 생각했다

남대문 앞까지 진출해서

보도블록 몇 개 깨서 던지고

그날 밤 회군을 하고 아무 일도 없었다는 듯

보낸 며칠 뒤 해장국 먹으러 간 식당에서

받아든 신문 1면에 대문짝만한 글씨

계엄 확대 휴교령 천여 명 체포 수배

휴교령이 내려지면 지역마다 모여서

싸우겠노라던 말도 총칼 앞에 꼬리 내리고

잡히지 않겠다고 숨어 다니던 어느 날

받아든 문건 숨 가쁜 글씨로 쓰여진

'전두환의 광주시민 살육작전'

너무나 참혹했다 두려웠다 부끄러웠다

여기저기서 다시 일어나기 시작했다

부끄러움을 새기고 두려움을 이겨내며

더 이상 피하지 말자고 비겁하지 않겠다고

싸우다 끌려가고 분신하고 투신하고

아아 나도 살아남은 자가 해야 할 일을

생각하기 시작했다 두려움 속에서도

그해 가을 나는 여전히 두렵고 부끄러웠지만

더 이상 피하지 않겠다는 벗들과 함께

먼저 가신 이들의 아픔을 새겨 가면서

눈물을 흘리며 한 글자 한 글자 꾹꾹 눌러 썼다

살인마 전두환을 민족의 이름으로 처단하자!

44년이 지난 오늘 또다시 쳐들어온 계엄령

그해 5월 이후 강도 건너고 산도 수없이 넘었다

수많은 이들의 피와 고통 속에 이른 오늘을

그해 5월로 되돌리려는

사악한 미치광이의 적반하장

그러나 시민들은 그것을 온몸으로 저지했다

내 삶이 헛되지만은 않았음을 가르쳐 주는

저 많은 불빛을 바라보며

더 이상 두려워하지 않기 위해

더는 부끄러울 일이 없기 위해

쓴다 그해 5월 이후 흘린 피로

살아남은 자의 온몸을 던져 쓴다

내란 수괴 윤석열을 시민의 힘으로 처단하자!

* 12.3계엄 당시 심경을 담아 쓴 시

제6부

짓밟힌 서울의 봄 뒤에
우후죽순처럼 돋아나는 새싹들

모든 것이

끝난 듯한 상황에서

움트는 새로운 시작

이훈익(행정 78)

1980년 9월 9일 시위 이후 경희대 캠퍼스는 한동안 적막감마저 감돌았다. 여섯 명이 시위에 가담했는데, 현장에 오지 않고 사라진 정해랑(국문 77)과 경찰에 잡히지 않은 박병식(국문 79) 등 두 명의 수배자가 생겼다. 이들을 잡는 데 혈안이 된 청량리경찰서 정보과를 비롯한 정보당국은 이들과 친분이 있는 사람들을 시도 때도 없이 잡아가서 이들의 행방을 찾아내려 하였다.

지금은 상상하기조차 힘든 일이지만, 당시에는 시위를 하고 도망간 사람을 잡기 위해 알 만한 사람은 무조건 잡아다 매타작을 하고, 물고문을 하였다. 그러다 보니 시위를 할 만한 조직의 구성원들은 상당수가 이탈하고, 다시 시위를 한다는 것은 생각하기 힘든 일이 되었다. 물론 조직역량이 어느 정도 되는 학교는 그렇지 않았겠지만 대부분의 학교는 그랬다고 볼 수 있다. 한 학기에 시위 하나 조직하는 것도 쉽지 않은 일이었다.

정부 당국은 이 시위가 다른 대학교에 영향을 미치지 않도록 전전긍긍했다. 하지만 김경(영교 78)의 동맥 절단 사실은 비상계엄 하의 철저한 언론 통제 속에서도 소문을 통해 계속 전파되었다. 전두환을 찬양하는 언론 보도, 종교인들의 조찬기도회 등이 횡행하는 가운데 전두환이 곧 개헌을 하고 새로운 공화국의 대통령이 될 것이라는 전망 속에서 학원가도 잠잠해질 것이라는 섣부른 예단을 뒤집어놓은 것이 경희대의 9월 9일 시위였다.

사실 이 시위는 성공했다고 보기는 어려웠다. 학생들의 호응 역시 크지 않았다. 전술적 오류 때문인지 혹은 너무 일찍 시위를 해서 학생들이 미처 함께할 마음의 준비가 안 되어서인지, 그것도 아니면 학생들이 현실을 외면하려고 마음을 먹었던 것인지는 알 수 없다. 그럼에도 여학생의 동맥 절단 현장을 학생들이 분노에 이글거리는 눈으로 지켜보았다는 소문이 퍼지면서 언제 터질지 모르는 분노의 목소리가 대학가의 밑바닥에 깔리고 있었다.

그해 9월이 가기 전에 한국신학대학(한신대)에서 시위가 일어났다. 당시 수유리에 있었던 한신대는 학생 정원이 200명 정도에 불과한 작은 규모의 학교였다. 거의 전교생이 참여한 이 시위 역시 전두환 정권을 고민에 빠뜨렸다.

전두환은 며칠 뒤 기자들을 만나 일부러 한신대 시위를 평가절하했다. 학생 수가 얼마 되지도 않는 작은 학교에서 시위가 났다고 한 것이다. 하지만 단위 학교의 시위에 관해 대통령이 언급한 것은 매우 이례적인 일이었다.

전두환의 언급이 있었던 다음 날 고려대에서 보란 듯이 대규모 시위가 일어났다. 이어서 연세대, 동국대 등에서 시위가 잇따랐다. 전국의 대학들이 들고 일어났다. 그 규모는 1980년 이전, 긴급조치 9호 시대와는 차원이 달랐다. 서울의 봄을 겪었고, 광주학살에 빚졌다는 생각을 가진 학생들은 시위를 더 이상 두려워하거나 주저하지 않았다. 어쩌면 그것은 1970년대부터 축적된 학생운동 역량이 비로소 결실을 맺기 시작했다고 해석될 수도 있는 일이었다.

경희대의 경우 학생운동 조직의 출혈이 심했다. 비합법조직운동을 하던 사람 중 78학번 이상은 대부분 캠퍼스를 떠났다. 감옥이나 군대 아니면 수배 중이었다. 청량리경찰서 정보과를 비롯한 정보당국에서는 한동안 경희대 학생운동이 잠잠해질 것이라고 판단했을 것이다. 그런데 뜻밖의 사건이 터졌다. 고무 활판으로 찍은 '전두환을 타도하자!' 등 3종의 손바닥만 한 유인물이 강의실과 계단, 바람 부는 난간 등에 뿌려진 것이었다. 정보당국은 아연 긴장하지 않을 수 없었다.

정보당국이 파악 가능한 서클의 1, 2학년들이 대거 잡혀가서 매타작, 물고문 등을 당했다. 나중에 들은 이야기에 따르면, 그때 잡혀갔던 학생들의 입에서 대부분 공통적으로 나온 이름이 하나 있었다. 사회과학연구회의 이효인(행정 78)이었다. 그는 정보당국과 학생과에서 미처 파악하지 못했던 인물이었지만, 이미 학생운동권 내에서 알 만한 사람은 다 아는 활동가였다. 당시 그는 9월 9일 시위 이후 운동 서클들을 다시 활성화시키기 위해 여러 명의 79학번을 만나고 있었다.

결국 그도 연행되었다. 엄청난 매타작과 물고문 등을 당한 것은 물론이었다. 하지만 아무 증거가 없었다. 본인의 말로는 '이런 일'로 구속되는 게 너무 '쪽팔려서' 버텼다고 하는데, 아무튼 그가 계속 부인하니까 일주일 만에 풀어줄 수밖에 없었다. 물론 그는 많은 것을 알고 있었다. 고무 활판으로 찍어서 만든 손바닥 유인물은 그와 사회과학연구회(사과) 2학년들의 작품이었다. 하지만 그는 끝까지 모르는 일이라고 부인했다.

또 당시 도피 중이었던 정해랑의 행방도 이상희(국문 72)나 하석태(영문 76)는 알고 있으리라는 걸 알고 있었던 것이었다. 나중에 그는 주위 사람들에게 한 대만 더 맞았으면 '하석태에게 가서 물어보쇼'라고 말하려고 했다고 한다. 물론 농담이었다. 그는 끝까지 버티며 아무것도 말하지 않았다.

이효인은 사회과학연구회(사과)에 2학년 때 가입하였다. 1학년 때는 경희극장이라는 연극반에서 활동했다. 당시 대부분의 학생이 그랬듯 그도 비합법조직의 존재를 몰랐고, 누가 제안하지도 않기 때문에 그냥 1학년 시절을 보내고, 2학년이 되어서야 비로소 사과의 전신인 서양사상연구회가 창립된 뒤 가입한 것이었다. 그런데 막상 들어가 보니 서클을 만든 사람은 동기인 박영철(치대 78)이었는데, 77학번이 더 많은 영향을 미치고 있었다.

이효인은 곧 77학번이 회장인 박영철과는 견해가 다르다는 것을 알게 되었다. 회장은 그 서클을 학생운동을 하는 곳으로 만들려고 하는 것 같았는데, 77학번은 오히려 그런 움직임을 경계하는 것으로 보였다. 이효인은 박영철을 도와 서클에서 그가 나가도록 만들었다. 대단한 추진력의 박영철 곁에 날카로운 비판의식의 이효인이 있었기에 가능한 일이었다는 이야기가 많았다. 이로써 경희대 학생운동사에서 중요한 위치를 차지하는 사과가 비로소 완벽한 운동서클이 되었다.

그 뒤 이효인은 자연스럽게 비합법조직의 일원이 되었다. 하지만 그는 1학년 때 연극반에 가입했던 마음 그대로 문화운동에 대한 꿈이 있었다. 1979년과 같은 엄혹한 시기에는 비합법, 비공개 운동을 할 수밖에 없지만, 10.26 이후 서울의 봄이 올 것이라는 분위기에서 문화운동을 할 수 있으리라는 기대를 하기도 했다. 하지만 '서울의 봄'이 왔어도 이효인은 뜻대로 문화운동에 전념할 수 없었다.

1980년 1학기. 대부분의 대학에서 학도호국단을 대체하고자 하는 학생 조직이 생겼다. 경희대에서는 학원민주화추진위원회(학민추)가 결성되었고, 이효인(행정 78)은 부위원장이 되었다. 학민추는 학생을 대표해 학교 측과 협상을 하기도 하고, 학원 민주화를 위한 공청회도 개최했다. 하지만 4월 1일 이후 총장사퇴 촉구 투쟁이 일어나면서 학민추는 유명무실해졌고, 이효인은 문화운동에 대한 구상을 가다듬는 한편 뜻이 맞는 사람들과 생각을 공유해 나갔다.

총장사퇴요구 투쟁이 끝나고 시국시위가 시작되었을 때도

이효인은 전면에 나서지 않았다. 하지만 5월 15일 서울역 회군에 대해서는 가장 강력하게 반대했다. 역부족이었다. 당시 경희대는 총학생회장이 선출되지 않은 상태였기 때문에 각 대학 총학생회장단 논의에서 의견을 개진하기도 힘들었고, 경희대 내에서도 이미 해산하자는 분위기가 만연해 있었다. 현장을 목격했던 사람들의 증언에 따르면 이효인은 해산을 발표하는 복학생에게 격렬하게 항의하였다고 한다.

5.17비상계엄 확대가 이루어진 뒤 그는 김성권(국문 74), 정해랑 등과 성남에 있는 김성권의 친척 집에 피해 있었다. 며칠이 지난 뒤 당국에서 자신을 찾는 것 같지 않다고 생각한 그는 부산 집으로 내려갔다. 이후 수배되었던 사람들이 잡히거나 자진 출두하는 등 어느 정도 분위기가 진정된 뒤, 이상희의 주도 아래 경희대 비합법조직이 다시 정비되었다. 이효인도 함께했다. 그리고 1980년 전국 대학가에서 가장 먼저 일어난 경희대의 9월 9일 시위에도 개입하게 되었다.

이상희, 하석태 등과 논의하면서 제적이나 정학된 사람 중심으로 시위팀을 짰다. 그런데 좀 더 사람이 필요할 것 같다고 판단한 이상희가 두 사람을 추가하자고 제안했다. 사회과학연구회의 최낙범(토목 79)과 김재관(국문 79)이었다. 그런데 주모자인 정해랑에게 미처 이야기를 하지 못했다. 정해랑의 집에는 전화가 없었고, 전화로 말할 성격도 아니었다. 정해랑의 집을 아는 사람은 이효인뿐이었다.

시위를 벌이기 며칠 전인 일요일, 이효인은 김경과 함께 정해랑의 집을 찾아갔다. 부평역에서도 30분 정도 버스를 타고 더 들어가야 하는 곳이었다. 처음 계획은 김경에게 집만 알려주고 옆으로 빠질 생각이었다. 그런데 정해랑의 어머니가 두 사람이 함께 있는 걸 보는 바람에 할 수 없이 같이 들어가서 이야기를 하게 되었다. 다행히 수사 과정에서 이효인의 이름은 나오지 않았다.

9월 9일 시위로 또 많은 사람이 떠난 뒤 이효인은 사회과학연구회와 아카데미는 물론, 기독학생회와 경희문학회 등 학생운동 서클들을 정비하였다. 그 과정에서 다음 해를 내다보고 실험 삼아 한 것이 고무 활판으로 구호를 찍은 손바닥 유인물이었고, 그것 때문에 심한 고초를 당했다. 당시는 비상계엄 상태였다. 비상계엄은 영장 없이 체포 및 구금을 할 수 있었다. 그는 며칠인지도 모를 기간 동안 구금된 채 고문을 당했다.

아무 일도 없었다는 듯 풀어주는 그들에게 항의도 못 한 채 자취방으로 돌아왔고, 곧 부산 집으로 내려갔다. 그리고 이듬해 봄에 군대에 갔다.

제대해서 와 보니 학생운동의 상황은 많이 바뀌어 있었다. 그는 본래 생각하던 문화운동에 전념하겠다고 마음을 먹었다. 특히 문화운동 중에서도 영화운동을 하겠다는 생각을 굳혔다. 1985년 9월, 복학한 그는 영화 동아리 '그림자놀이'에 들어갔다.

그런데 뜻하지 않게 이효인은 학생운동을 하면서도 겪지 않았던 '징역'을 살게 되었다. 서울영상집단에서 농촌 현실을 적나라하게 그린 영화 '파랑새'를 제작했는데, 그것 때문에 영화법 위반으로 투옥되었다가 선고유예를 받고 출소했다. 그때 그는 사실 검거를 피할 수 있었지만 문화운동에서 좀 더 큰 영향을 미칠 수 있는 선배의 검거를 막기 위해 대신 들어갔다고 한다. 이후 그는 강화도에 정착하여 한국영화사를 집필했다.

그때부터 영화운동과 연구에만 전념하던 그가 단 한 번 외도를 한 적이 있다. '민주동문회' 활동이다.

1987년 6월민주항쟁 이후 각 대학에서 민주동문회(민동)가 결성되기 시작했다. 경희대에서도 논의가 시작되었다. 회장은 경희학생운동의 전설로 불리는 김봉우(영문 71)로 합의가 되었다. 그런데 사무국장을 할 사람이 마땅치 않았다. 현장운동에 투신한 사람이나 생업에 종사하는 사람이나 모두 그 나름대로 하기 어려운 이유가 있었다.

김봉우도 사실 당시까지만 해도 회장을 맡는 걸 썩 내켜하지 않았다. 학생운동권이 밀어주지 않는다면 무의미하다는 생각이었다. 이때 이효인이 사무국장을 맡겠다고 나섰다. 그 역시 영화운동을 하느라 바쁜 와중이었다. 하지만 자기가 하지 않으면 할 사람이 없어서 민동 결성이 미뤄지거나 어쩌면 무산될 수도 있다고 생각했다. 그리하여 이효인은 경희총민주동문회(경희민동)의 초대 사무국장이 되었다.

이후 이효인은 모교인 경희대학교 연극영화학과 교수가 되었고, 참여정부가 들어선 뒤에는 영상자료원장을 맡았다. 연구와 집필도 왕성하게 해왔다. '한국영화역사강의Ⅰ'(1992, 이론과실천), 『한국영화역사강의Ⅰ』(1992, 이론과실천), 『한국의 영화감독 13인』(1993, 열린책들)을 비롯한 수십 종의 책을 출판했다.

교수 퇴직을 눈앞에 둔 그는 1970년대 말과 1980년의 학생운동 경험을 '내 인생의 짙은 나이테'라고 표현했다. 돌이켜보면, 그것은 모든 것이 끝난 듯한 상황에서 움트는 새로운 시작이었다.

고문으로 만신창이가 된

몸과 마음으로

유명을 달리하다

이길수(사화 74)

경희대에서 국가폭력의 희생자로 인정된 사람은 4.19혁명 당시의 이기태 열사와 이른바 인혁당 재건위 사건 사형수인 이수병 선생 이외에 딱 한 사람이 더 있다. 사학과 79학번으로 여러 차례 끌려가서 고문을 당한 이길상이다. 그는 지금 이천에 있는 민주화운동기념공원에 잠들어 있다. 더욱 안타까운 것은 그의 누이동생도 바로 옆에 누워 있는 것이다. 누이동생인 이상희 역시 국가폭력의 희생자로 인정됐다.

그는 경북 안동 출신으로 강원도에서 주로 성장했고, 춘천고등학교를 졸업했다. 재수를 하고 1979년에 경희대 사학과에 입학했다. 그를 아는 사람은 대부분 그가 상당히 예리하고 두

뇌가 명석했다고 기억한다. 시대가 암울하지 않았다면 뛰어난 역사학자가 되었을 것이라고 보는 이들이 많다. 하지만 당시의 시대 상황은 그를 비껴가지 않았다. 그 첫 시작이 서양사상연구회 가입이었다.

대학에 입학하자마자 그의 눈에 띈 것은 여기저기 붙어 있는 서클 가입 권유 포스터들이었다. 그중에서도 '소크라테스의 독배의 의미를 알고 싶은 사람은 오라'라고 한 서양사상연구회의 포스터가 유독 마음에 들었다. 그리하여 서양사상연구회를 찾아가서 가입을 했다. 그는 그 서클이 상당히 오랜 연원이 있는 곳인 줄 알았다. 그러나 서양사상연구회는 그해 처음 창립이 되었고, 2학년이 회장인 곳이었다. 말하자면 그는 창립 멤버가 된 셈이었다.

한동안 철학 서적을 공부한다고 하던 서클에 변화의 바람이 분 것은 여러 서클이 연합MT를 갔던 때부터였다. 대성리로 간 연합MT에서 그는 새로운 것을 많이 보았다. 특히 자신이 입학하기 전에 구속되어 지금도 감옥에 있는 선배들을 위해 노래를 부르는 퍼포먼스 등을 보면서 충격을 받았다. 그런데 거부감보다는 이상하게 마음이 끌렸다. 당시 함께했던 선배들은 서양사상연구회 1학년 중에서 MT 분위기를 이길상이 가장 잘 받아들였다고 기억했다.

2학기가 되었다. 정해랑(국문 77), 윤종천(토목 78)이 유인물 배포 사건으로 구속됐다. 두 사람은 이길상과 함께 연합MT를 갔고, 그 후 친하게 지내던 선배들이었다. 자연히 남의 일처럼 생각되지만 않았다. 독재정권에 대한 분노, 어쩌면 자신에게도 닥칠지 모른다는 두려움 등 복잡한 감정이 생겼다. 그런데 곧 10.26이 되고 학교는 휴교에 들어갔다. 서클에서 합숙을 제안했다. 함께 공부를 하면서 새로운 시각이 생기는 자신을 발견했다.

이길상은 당시 이념서클에 속했던 79학번들이 대개 그랬듯 학원민주화추진위의 일에 열심히 참가하고, 총장사퇴요구 시위 농성에서 열과 성을 다해 싸웠다. 그가 단순 참가를 넘어섰던 최초의 일은 시국시위에 쓸 유인물 제작에 참여한 것이었다. 회기동에 자취방을 얻었는데, 거기에 선배 한 사람과 같이 살면서 유인물을 제작했다. 자취방을 얻어서 유인물 제작 장소를 제공한 것이었다.

그런데 그가 얻은 자취방은 공교롭게도 이른바 인혁당재건위 사건으로 희생된 이수병 선생의 대학 동기인 경제학과 전기호 교수의 집이었다. 셋방이기는 했지만 독립된 가옥이었다. 당시 유인물을 만들다 한 잔 걸치고 찾아온 전기호 교수와 만난 적이 있었다. 전 교수는 불쾌해진 얼굴로 "수고한다"라고 말하고 집으로 들어갔다. 사실 그때 이길상과 동료들은 식겁을 했는데, 전 교수가 불과 5-6년 전에 인혁당재건위 사건으로 조사를 받았다는 것은 당시 아무도 몰랐다.

그때 유인물은 주로 신명식(사학 76)과 정해랑이 썼다. 그런데 5.17계엄이 확대되면서 신명식은 검거되고 정해랑은 도피했다. 계엄사에서 찾아왔다. 등사기를 빼앗기고 이길상과 동거인은 치안본부 수사대로 연행됐다. 그곳에서 매타작을 당했다. 하지만 계엄사가 처리해야 할 사람이 너무 많아서였는지 이길상과 동거인은 며칠 얻어맞고 난 뒤 단순 동조자라는 이유로 풀려났다.

자기가 잡혀가 있는 동안 광주학살이라는 엄청난 일이 벌어졌다는 것을 석방되고 나서야 알게 되었다. 심정이 매우 착잡했다. 그때 79학번들이 공부를 할 테니 참가하라는 제안이 들어왔다. 이전에도 그런 생각을 안 한 것은 아니지만, 이제 더욱 자신도 몸을 던져 싸워야 한다는 각오를 하게 됐다. 나중에 안 일이지만 당시 공부는 두 팀으로 나뉘어서 했는데, 그는 같은 사회과학연구회(사과) 회원인 유행철(건축 79)과 함께 신용남(사학 77)이 지도하는 팀에서 공부했다.

8월 말에 전두환이 유신헌법에 따라 통일주체국민회의에서 대통령으로 선출되고, 학교 문이 다시 열렸다. 많은 선배, 동기들이 구속되고 제적됐다. 이어서 9월 9일에는 같은 사과 회원이었던 김경(영교 78), 최낙범(토목 79) 등이 구속됐다. 이런 시위가 있을 거라는 짐작은 했지만 막상 터지고 나니 마음이 아팠다. 특히 김경이 동맥을 끊고, 동기인 최낙범이 떠나자 여러 가지로 생각이 복잡해졌다.

이제 남은 사람은 이효인(행정 78), 유행철(건축 79)과 자기뿐인 것 같았다. 당장 자기도 시위를 하고 학교를 떠나야 하는 것 아닌가 하는 생각까지 들었다. 그런데 이효인이 앞으로 남은 사람들을 추리고 내년을 기약해야 한다고 말했다. 이길상도 동의했다. 이즈음부터 그는 이효인과 거의 함께 살다시피 했다. 둘 다 지방이 집이었기 때문에 같이 자취를 하면서 이런저런 궁리를 해나갔다.

그러던 중에 이효인이 색다른 제안을 했다. 지금 시위를 하거나 유인물을 만들어 배포하는 것은 부담이 되므로 고무 활판에 '전두환 타도' 등을 새기고 그걸 종이에 찍어 교내 곳곳에 뿌리자는 것이었다. 기발한 생각 같았다. 이효인, 유행철 등과 비밀리에 일을 했다. 그런데 정보당국이 민감하게 반응했다. 이효인과 함께 이길상이 연행됐다. 그리고 무지막지한 고문을 당했다.

이길상이 이효인과 함께 연행될 때 재미있는 일화가 있다. 그날은 무척 추웠다. 두 사람은 겨울맞이 준비를 하느라 시장에 가서 겨울 점퍼를 사왔다. 집에 돌아오니 방에 불이 켜져 있었다. 당연히 동료인 유행철이라 생각했다. 장난을 잘 치는 이효인이 부엌에 있던 식칼을 집어 들어 칼날을 문틈에 넣고 문을 활짝 열어젖혔다. 아뿔싸 방 안에 있던 것은 유행철이 아니라 형사들이 집을 뒤지고 있었던 것이다. 이 때문에 두 사람은 끌려가는 길과 취조 과정에서 남들보다 훨씬 더 얻어맞았다.

고무 활판에 새겨 찍은 손바닥 유인물을 누가 뿌린 것인지도 취조 대상이었지만, 그에 못잖게 추궁당한 것은 9월 9일 시위 당시 도피한 정해랑, 박병식(국문 79)의 행방이었다. 그리고 이 모든 것의 배후를 캐는 일이었다. 일단 손바닥 유인물은 무조건 부정했다. 아무런 증거도 없으므로 하지 않았다고 하면 그들도 어찌하지 못하리라 생각했다. 하지만 취조는 정말 괴롭게 진행됐다.

정보당국은 이미 당시 경희대 학생운동이 이효인 중심으로 진행된다고 파악했다. 그리고 수배된 정해랑이 어떤 식으로든 연결되리라고 보았다. 아카데미, 경희문학회, 기독학생회 등의 학생들을 연행, 고문해서 얻어낸 정보로 자기들 나름대로 그렇게 확신하는 것이었다. 사실 이길상도 전혀 모르는 것은 아니었다. 지난여름에 했던 스터디그룹도 있었고, 이효인 뒤에 이상희, 하석태가 있다는 것을 모르지 않았다. 그래서 더 괴로웠다.

이길상은 자기도 고문을 당했지만 친구가 고문당하는 모습을 보여주면서 학생운동의 배후를 대라고 추궁하는 것이 정말 견디기 힘들었다. 하마터면 뭔가라도 자기가 아는 것을 말할 뻔하기도 했다. 하지만 끝내 견뎠다. 그렇게 견딜 수 있었던 것은 어쨌든 이효인에게 미루면 된다는 생각도 작용한 것 같았다. 이효인에게 미루기만 하면 그가 버틸 것이라는 믿음이 있어서였다. 정보당국도 취조의 초점을 이효인에게 집중하는 듯했다.

결국 이효인은 어딘가로 끌려가서 좀더 지독한 고문을 당했다. 이길상은 청량리경찰서에 기약 없이 붙잡혀 있었다. 평상시 같으면 불법구금이지만 이때는 비상계엄 상태, 영장 없이 체포 구금이 가능했다. 물론 이후에 비상계엄 자체가 불법이 되면서 이 모든 것이 법을 어긴 것이 되었지만 당시에는 그런

줄도 몰랐고, 항의할 수도 없었다.

　끝내 아무것도 새로운 것을 밝혀내지 못한 상태에서 이효인
과 이길상은 풀려났다. 이효인은 부산으로 갔고, 이길상도 집
으로 갔다. 그런데 겨울에 유행철로부터 연락이 왔다. 겨울방
학 동안에 하석태 선배의 집이 있는 충주에 가서 합숙을 하자
는 것이었다. 사실 이때는 두려움이 없지 않았다. 못 하겠다고
해야 하는 것 아닌가 하는 생각이 들었다. 하지만 결국 동의했
다. 충주에 있는 하석태가 동료 교사의 아파트를 빌려서 합숙
을 하게 됐다.
　이길상은 화들짝 놀랐다. 합숙에서 공부를 지도하는 사람은
정보당국이 혈안이 되어 찾고 있는 정해랑이었다. 고문당할 때
의 악몽이 되살아나는 듯했다. 그냥 가겠다고 할까, 하는 생각
까지 들었다. 하지만 그럴 수 없었다. 의리 때문에도 그랬지만
공부하는 내용이 마음에 들었다. 일본 사람이 쓴 『소유와 생산
양식의 역사이론』이라는 책을 일본어로 공부했다. 이길상은 일
단 공부를 열심히 하자는 마음으로 합숙에 임했다.
　그해 겨울은 굉장히 추웠다. 영하 30도가 넘게 내려간 날도
있었다. 한 달 가까운 기간 동안 합숙을 한 뒤 서울로 돌아왔
다. 그 합숙은 이길상에게 상당한 도움이 됐다. 다소 막연하던

생각들이 많이 정리가 됐다. 이제 역사에 대해 어느 정도 알 것 같은 자신감도 생겼다. 역사가 자신에게 새로운 임무를 부과할 것이라는 생각도 했다. 다시 일어서자고 각오를 다졌다. 3학년이 되니 사과 후배들부터 챙기는 임무가 자신에게 주어졌다고 여겼다.

1981년이 되면서 경희대 학생운동은 외부에서 들어온 흐름이 장악을 했다. 이른바 '학림'이라고 불리는 전국민주학생연맹이었다. 사과에서 이길상과 함께 공부하고 활동하는 복학생이 있었다. 선배지만 거의 동료처럼 일했다. 그 사람이 학림의 조직원이 됐다는 것을 학림사건이 터진 뒤에야 알았다. 이길상도 연행됐다. 아는 바가 없었는데도 추궁을 당했다.

그 뒤 이길상은 사실상 운동을 포기했다. 본인이 주위 사람들에게 말한 바로는 또다시 끌려가서 야산에 형사들과 간 적이 있다고 한다. 땅을 파고는 거기에 묻어 버리기 전에 바른대로 대라고 했다는 것이다. 이 이야기의 진위는 정확하게 판명되지는 않았다. 하지만 이길상은 주위 사람들 사이에서 조용히 사라졌다. 경희대 학생운동도 학림이 깨진 뒤 새로운 흐름에 의해 주도됐다. 이길상에 대해 말하는 사람은 없었다.

1984년이 됐다. 학원자율화조치가 되고, 총학생회가 부활하는 등 학생운동이 어느 정도 활성화됐다. 민주화운동청년연합(민청련)과 민주주의민족통일연합(민통련) 등 재야운동도 어느 정도 활발하게 활동했다. 구속되었던 사람들이 풀려나고 일부는 복학을 하기도 했다. 그해 봄에 1970년대 말의 경희대 비합법조직 출신 중에서 가장 먼저 신명식(사학 76)이 결혼을 했다. 이길상은 이 결혼식에 나타났다. 자신의 속마음을 누군가에게 이야기하고 싶었다.

결혼식과 피로연이 끝난 뒤 선배 한 사람과 자기 집으로 갔다. 이때 이길상은 경희대 앞으로 이사를 한 상태였다. 그는 선배에게 자신이 정신과 치료를 받고 있는데, 의사가 물 흐르듯 살라고 했다고 말했다. 그런데 자기 생각으로는 그 의사가 자기가 왜 괴로운지를 모르는 것 같다고 했다. 자기는 그런 방식으로 해결될 문제를 안고 있는 게 아니라는 것이었다. 그에 대한 조언을 듣고 싶다는 것이 이길상의 말이었다.

그 후 이길상은 교육대학원에 진학했다. 거기에서 다시 한번 자기의 꿈을 펼쳐보고 싶다는 생각을 했다. 그런데 다시 발병을 했고, 여러 차례 입원을 할 수밖에 없었다. 결혼을 하고, 아이까지 낳아서 잘 사는 듯하던 이길상에게 충격적인 소식이 들려왔다. 10년 가까이 아래인 동생 이상희가 자신의 모교인 경희대에서 투신하여 사망한 것이다. 이상희 역시 오빠처럼 고문 후유증으로 치료를 받고 있던 상태였다.

2년 뒤 이길상은 끝내 자신의 생을 마감했다. 몸도 마음도 만신창이가 된 상태였다. 사람들은 보통 구속되어 징역을 산 사람이 민주화 과정에서 고생을 했다고 기억한다. 하지만 그에 못지않게, 아니 그보다 훨씬 커다란 상처를 입고 피해를 입은 이들이 바로 고문을 심하게 당하고 그 후유증에 시달린 사람들이다. 어쩌면 이길상은 일찍 구속되었더라면 차라리 나았을지도 모른다. 이길상, 이상희 남매의 평안한 영면을 기원한다.

야만의 기억을 잊고 영면하소서

- 정해랑

허초희가 일찍 여읜 어린 남매들과

함께 잠든 경기도 광주에서 멀지 않은 곳

이천의 민주화운동기념공원에서

나란히 잠든 또 다른 남매

길상 상희를 만났다

얼마나 괴로웠을까

1980년 5월 서울의 봄

선배들과 자취방에서 유인물을 만들었다고

전두환의 광주 학살과 함께

내려진 계엄 확대 검거 조치로

끌려간 곳 치안본부 특수수사대

무지막지한 구타 속에서

다행인지 불행인지

후배라고 풀려난 뒤부터

정말 얼마나 긴 시간이었던가

그해 가을 교정에 뿌려진 전두환 규탄 유인물

누가 뿌렸는지 대라고

끌려가서 구타 당하고 물고문 당하고

막대기 무릎 뒤 오금에 끼고 짓밟고

조직을 불라고 선배 후배 이름 말하라고

데모하고 도망간 선배 어디 있는지

알지도 못하는 것까지 무조건 대라고

수도 없는 구타 고문 구타 고문

이듬해 봄 학림사건까지 이어지더니

어느 날인가는 야산으로 끌고 가

너 같은 놈 생매장해도

아무도 찾을 수 없고

설사 시신을 찾아도 우린 모르는 일이라고 하면

너만 개죽음이라고 을러대면서

땅을 파고 그 안에 집어넣던 악마의 손들

웬만한 것은 다 말할 수밖에 없었지만

끝내 지켜야 할 것은 지켜야 했기에

1년 넘게 이어져야 했던 모진 고통의 세월

아 얼마나 두려웠을까

집 앞 골목길에 검은 세단만 세워져 있어도

누군가 뒤에서 걸어오기만 해도

남들 다 잠든 밤에

들창 밖에서 발자국 소리만 나도

두런두런대는 목소리만 들려도

또 다시 오는구나 나를 잡으러 오는구나

나 잡아가서 매타작하고 물고문하러 오는구나

아직도 불어야 할 게 있나

여전히 불지 말고 지켜야 할 게 있나

얼마나 무서웠을까

오빠의 고통을 보고 피하려고 했는데

피할 수 없는 뜨거운 피여

오빠가 간 길을 가고 말았네

열 살 가까이 위인 어려운 오빠

집안에서 온몸에 기대를 받던 오빠가

육체적 정신적으로 힘들어하는 모습을 보며

이건 아닌데 이건 아닌데 하다 보니

어느덧 오빠를 닮아 있는 자신이 괴로워서

마침내 오빠의 모교 찾아

유명을 달리한 동생을 보고

밀려드는 회한 속에

잊을 만하면 달려드는 기억들

허초희는 일찍이 잃은 남매에게

밤이면 만나서 정답게 이야기 나누라고 했건만

길상 상희 남매도 밤이면 만나서

다정하게 이야기 나누고 있을까

그대들을 죽인 건 야만의 독재정권

그 하수인들이지만

그대들의 아픔 그대들의 괴로움을 잊는다면

그 역시 야만의 공범이 되는 것이리니

길상 상희 남매여

이제 고문이 없는 세상

그대들의 가슴속에 품고 있던 세상

그 세상을 향해 힘차게 가는 일은

그대들을 기억하는 우리에게 맡기시고

이제 부디 야만의 기억을 잊고 영면하시오

밤이면 어린 시절 강원도에서 회기동에서

정답게 지내던 이야기나 하면서

이승에서 못다 한 오누이의 정을 나누소서

2018년 10월 18일

길상, 상희 남매 무덤 앞에서

끝은

마지막이 아니라

새로운 시작이었다

유행철(건축 79)

유행철은 1979년에 대학에 입학했다. 유신정권이 마지막을 향해 가는 해였다. 대부분의 사람은 박정희가 한참 동안 대통령을 계속할 거로 생각했지만 붕괴의 조짐은 곳곳에서 나타났다. 1978년 12월의 국회의원 선거는 사실상 여당인 공화당의 패배였다. 동반 당선되는 중선거구제와 국회의원의 3분의 1을 대통령이 지명하는 유정회 덕분에 다수당의 지위는 유지했지만 득표율에서는 신민당이 오히려 앞섰다.

유행철이 대학에 입학하자마자 서양사상연구회에 가입한 것은 지적 호기심보다는 사회에 대한 불만과 비판의식이 크게 작용했던 것 같다.

그는 서양사상연구회의 다른 동기들과 마찬가지로 5월의 연합MT를 통해 생각의 변화를 겪었다. 사회를 변화시키기 위해서는 행동을 해야 한다는 생각을 갖게 된 것이다. 그것이 무엇인지는 아직 막연했지만, 1978년에 구속된 선배들처럼 시위를 하는 것일 거라는 생각이 1학년 때부터 그를 사로잡았다.

1979년 9월 유인물 배포 사건으로 정해랑(국문 77)과 윤종천(토목 78)이 구속되었다. 두 사람 모두 연합MT에서 만났고, 이후 어느 정도 교류했던 사람들이었다. 유행철은 이들에게 책과 영치금품을 넣어 주는 역할을 맡았다. 유행철은 성동구치소를 오가면서, 자신에게도 곧 다가올 운명을 생각했다.

1학년을 채 마치기 전, 10.26사건으로 박정희가 죽었다. 놀라운 일이었다. 유행철 세대에게 박정희는 '영원한 대통령'처럼 여겨지는 사람이었다. 대학에 들어와서 선배들이 박정희를 비판하는 것을 보고 놀란 게 당연한 일이었다. 그가 나쁜 사람이라고 생각하기는 했지만 그를 대놓고 욕하는 것은 왠지 어색했다. 당시 운동을 하지 않았던 친구들을 보면, 지금도 그런 생각에 사로잡혀 있는 것을 쉽게 발견할 수 있다.

박정희가 죽은 뒤 서양사상연구회에서는 합숙을 진행했다. 78

학번 세 명에 79학번이 여럿 있었다. 1학년과 2학년이지만 공교롭게도 78학번은 모두 대학에 바로 들어온 사람들이고, 79학번은 거의 다 재수를 한 사람들이었다. 어느 순간, 이들은 모두 말을 놓고 친구처럼 지내기로 했다. 물론 내용상으로는 78학번인 회장 박영철과 이효인이 이끌었다. 합숙은 서클 구성원의 단결력을 높였고, 유행철도 세상을 보는 시각이 매우 넓어졌다.

긴급조치가 해제되고 구속되었던 사람들이 석방되었다. 제적되었던 사람들은 복학 조치를 통해 학교로 돌아왔다. 학원민주화추진위가 만들어져서 총학생회 구성을 비롯한 학교 민주화에 박차를 가하기 시작했다. 회장 박영철은 학원민주화추진위원이 되어서 그 일에 몰두했다. 이 시기에 서양사상연구회는 사회과학연구회(사과)로 명칭을 바꾸었다. 이후 사과는 경희대 학생운동의 대표적인 이념서클이 되었다.

학원민주화추진위는 각 과와 서클 대표를 뽑고, 민주적인 의결 조직을 구성하기 시작했다. 유행철도 선배들의 권유에 따라 건축과 2학년 대표로 나가서 당선되었다. 각 과 대표들이 모이는 모임도 있었다. 유행철은 그 모임에서 학원민주화의 필요성에 대해 발언하는 선배들을 응원하고, 필요할 때는 지지발언을 하기도 했다. 이윽고 단과대학 학생회장도 선출하기 시작했다. 하지만 안타깝게도 총학생회장 선출은 4월 1일에 총장사퇴 요구 시위 농성이 시작되면서 뒤로 미루어졌다.

4월 말이 되어 가면서 다른 학교에서는 시국 시위가 시작되었다. 경희대 바로 옆의 외국어대에서는 가두까지 진출하는 시위들이 있었다. 경희대 학생운동권은 초조해지기 시작했다. 총장사퇴요구 농성을 빨리 마무리하고 시국시위를 해야 하지 않느냐는 이야기들이 나왔다. 하지만 이대로 중단할 수 없다는 강경론에 밀려 결국 4월을 넘기고 말았다.

총장사퇴요구 농성이 끝난 뒤 시작된 시국시위는 며칠 이어지다가 5월 15일 '서울역 회군' 이후 잠잠해졌다. 5월 17일 비상계엄이 확대되고 학교에는 휴교령이 내려졌다. 거리마다 전투경찰이 검문검색을 했고, 많은 사람이 수배자가 되어 흩어지면서 서클도 어수선했다. 그러던 중 여러 서클에서 핵심적인 역할을 하는 79학번이 모여서 공부를 하자는 제안이 들어왔다. 유행철은 흥사단아카데미, 경희문학회, 백단에서 뽑힌 사람들과 한 팀이 되어 공부를 했다.

여름의 끝자락, 전두환이 유신헌법에 따라 통일주체국민회의에서 대통령으로 선출되었다. 총장사퇴요구 농성 때문에 가장 오래 휴강했던 경희대가 제일 먼저 개강을 했다. 그리고 며칠이 지난 9월 9일에 시위가 벌어졌다. 제적이나 정학 등 학사징계를 받은 김경(영교 78), 정형서(의대 78), 박병식(국문 79) 등이 시위에 나섰다. 그런데 최낙범(토목 79), 김재관(국문 79)도 함께 시위 주동자가 된 것은 놀라운 일이었다.

불과 한 달 전쯤, 한 팀에서 공부하던 사람들이었다. 최낙범은 같은 사과에 속했고, 김재관은 경희문학회 구성원이었다. 이들과 함께 2학기나 1981년에는 어떻게 할 것인지 논의하고는 했는데, 그들이 시위에 가담해서 연행되고 구속되어 버린 것이었다. 유행철로서는 충격이었다. 특히 같은 사과였던 김경이 동맥을 절단하고 피를 철철 흘리는 모습을 목격한 유행철은 어떻게도 할 수 없었던 현실 때문에 무척 괴로웠다.

2학기부터는 이효인을 중심으로 여러 서클 사람들이 모여서 논의를 진행했다. 그리고 이효인의 제안으로 고무 활판에 '전두환 타도' 등을 새긴 다음 종이에 찍어 교내 곳곳에 뿌렸다. 이효인, 이길상 등이 중심이었다. 정보당국은 민감하게 반응했다. 가능성이 있다고 여겨지는 사람들은 마구 연행해서 무지막지하게 고문을 가했다. 청량리경찰서는 이효인이 한 것이라고 단정했지만 이를 끝까지 부인한 이효인은 결국 석방되었다.

한바탕 소용돌이가 지난 뒤 겨울방학이 되었다. 하석태(영문 76)가 충주에 가서 합숙하며 공부를 하자고 은밀히 제안했다. 대상은 사과 사람들인 이길상과 복학생 한 명 그리고 유행철이었다. 동의했다. 좀 더 공부해서 내년을 대비할 실력을 길러야 할 것 같았다. 하석태가 방학 때 비게 된 동료 교사의 주공아파트를 빌렸다. 그런데 그때 학습지도는 하석태가 아니라 수배 중이던 정해랑이 진행했다

이듬해에는 경희대 학생운동권의 상황이 많이 달라졌다. 하석태는 교사로 임용된 뒤 더 이상 학교에 관여하지 않았고, 이효인은 군대에 갔다. 1학기에는 전국민주학생연맹(학림)이 학내에 뿌리를 내리는 듯하다가 정보기관에 의해 적발되어 와해되었다. 사회과학연구회 거의 전원이 청량리경찰서에 연행되어 수일간 조사를 받고 풀려나면서 조직은 거의 해체되었다.

2학기가 시작되면서 학림사건으로 학사징계를 받고 군에 가야 했던 아카데미 3인이 시위를 했다. 다른 학교에서도 시위가 쉬지 않고 일어났다. 전두환 정권은 너무 일찍 위기에 빠진 듯했다.

4학년이 된 1982년, 유행철은 휴학한 상태에서 개강에 맞추어 공대앞 돌다방에서 시위를 하고 구속되었다. 성동구치소를 거

쳐서 영등포교도소에 갔더니 정해랑이 있었다. 겨울에 충주에서 만나고 처음 만난 것이었다. 이후 정해랑은 수원교도소로 가고, 유행철은 의정부교도소로 갔다. 그리고 다음 해, 만기 열흘을 남기고 8.15특사로 출소했다.

출소하고 얼마 되지 않아 정부에서 복학 조치를 내렸다. 하지만 그때 경희대의 대다수 제적생들이 그랬듯 유행철도 복학 의사가 없었다. 그에게 학생운동의 끝은 마지막이 아니라 노동운동의 새로운 시작이었다. 그는 노동현장에 가겠다고 결심했다. 정해랑 등과 팀을 이루어 성수동 공장에 들어갔다. 정해랑과 같이 자취를 했는데, 두 달여 사이에 홍수가 나서 지하 셋방이 물에 잠기기도 하였다.

좀 더 안정된 공장에 들어가자고 논의를 하고, 공단이 있는 성남으로 옮겨서 상일가구에 들어갔다. 그곳에서 횃불이라는 친목회를 만들었다. 경희대 출신 현장 취업자들이 같은 이름으로 여러 공장에서 친목회를 만들었는데, 뒤에 생각해 보면 참 위험한 일이었던 것 같다. 당시 공단 분위기가 반영이 되었는지 노조가 결성되었고, 유행철도 일조를 했다. 하지만 여기서 학력 위조가 드러나 해고되었다.

그 시기에는 해고자가 꽤 많이 생겼다. 노조 결성 움직임이 많아지면서 생긴 현상이었다. 유행철과 함께 들어갔던 경희대 팀은 모두 해고자가 되었다. 여러 공장의 해고자들이 모여서 '성남 생존권확보투쟁위원회'(생투위)를 결성했다. 공단과 주거지 등에 유인물도 배포하고, 시위도 하다가 구류를 여러 번 살았다. 그때 지금의 아내와 만났다. 아내는 가장 먼저 노조를 결성하다 회사 측의 공격을 받았던 협진화섬 노조 간부 출신이었다.

2025년 대선 시기에 노동자 출신과 학생 출신 노동자, 이른바 '학출' 사이의 결혼이 화제가 되기도 했는데, 당시는 지금보다 학출과 아닌 사람 사이의 격차가 컸다. 일단 대학생 수가 적었고, 대학을 나오면 안정된 직장이 보장되던 고도성장 시기였다. 그런데 노동운동을 하겠다고 마음먹은 학생 출신들은 오히려 그런 점에서 자신들의 기득권을 버려야 한다는 생각이 강했다. 하지만 그 한계를 극복하기는 쉽지 않았다.

그런 점에서 유행철은 진짜 노동자에 가까운 사람이었다. 그는 가족 중에 유일하게 4년제 대학에 들어갔다. 형제나 친인척은 거의 모두 노동자였다. 그에게 노동자 생활은 지극히 자연스러운 것이었다. 아내와는 해고자 활동을 통해 동지적 연대도 깊어졌다. 같이 유인물을 배포하고 시위를 하다 구류를 살기도 했다. 그 과정에서 정이 들었고, 결국 결혼에 이르러 아들 하나 딸 하나를 낳고 40년이 지난 지금도 금실 좋게 잘 살고 있다.

1986년이 되면서 전두환 정권의 탄압이 심해졌다. 정세도 격화되었다. 당시 야당은 야당대로 개헌추진운동을 벌였고, 청년운동조직, 재야조직들도 활발하게 움직였다. 학생들의 가두시위도 꽤 빈번해졌다. 유행철이 있던 성남에도 학생들이 와서 가두시위를 벌였다. 노동자들이 이에 호응해야 한다는 논의가 있었다. 학생들과 노동자가 함께 가두시위를 하기로 했고, 유행철이 그 임무를 맡았다. 결국 그는 두 번째 징역을 살게 되었다.

출소한 뒤 성남에 다시 돌아온 그는 6월항쟁 이후 어느 정도 안전이 확보된 공간에서 만들어진 반합법조직인 '성남노동자투쟁연합(투련)'에서 일했다. 당시 성남시청이 있던 부근 건물에 사무실을 구해서 일했는데, 유행철로는 난생처음 해보는 운동방식이었다. 이후 이 조직이 나서서 '성남노동자연합'을 출범시켰다. 그러자마자 공안정국이 되고 의장이 연행되면서 유행철은 다른 구성원들과 함께 수배 상태가 되었다.

문민정부가 들어서면서 수배는 자연적으로 풀린 듯 그를 잡으려고 하는 움직임이 없었다. 투련 사건으로 수배될 때만 해도 조그맣게나마 신문에 났는데 그 뒤에는 통 찾지를 않는 것 같았다. 그래서 여러 직업을 가지고 생업에 종사하였다. 해고자 시절 만난 아내와 뒤늦게 결혼식을 올렸다. 지금은 고향인 포천에서 아파트 관리사무소 일을 하며 지내고 있다.

유행철의 운동 역정을 돌아보면 끝인 듯했던 것이 새로운 시작이었다. 1980년 전후의 치열했던 비합법조직이 그 수명을 다한 듯했지만 새로운 조직이 생기면서 운동을 이어갔다. 그리고 노동운동으로 존재 이전을 한 뒤 탄압을 받으며 끝난 것 같았지만 또 새로운 노동운동이 이어졌다. 언제나 그에게는 끝이 마지막이 아니었다. 그것은 새로운 시작이었다. 지금도 역시 그러할 것이라는 믿음으로 유행철은 오늘을 살고 있다.

「회기동 연가」에 부치는 시

- 신흥무관학교 옛터에서
- 부활 – 이수병 선생님을 기리며

신흥무관학교 옛터에서

심양공항에 첫눈이 내리던 날
어린 날 헤어진 첫사랑을 만나는 설렘으로
당신을 찾아왔습니다.

길림성 유하현 대두자
물어 물어 찾아온 이곳에서
세월을 버린 당신은 텅 빈 옥수수밭 아래 묻혀 있었고
시간에 묻힌 나는 당신을 버린 오랜 세월을 새김질했습니다.

이래도 되는 건가
정말 이래서는 안 되는데…
11월에조차 영하 17도가 되는 곳
눈발을 몰고 오는 바람이 매서워
눈물이 얼까 봐 나는 울지도 못하는데
핏줄마저 얼릴 듯한 추위를 핏줄로 녹여 가며
당신은 여기까지 왔나 봅니다.

진실을 거짓이 덮어 누른 땅에 살던 나는

탐욕이 또 다른 거짓을 낳는 시대에 사는 나는

이제사 당신의 나지막한 신음소리를 들을 수 있었고

비로소 당신의 부름에 따라 여기 온 나를 볼 수 있었습니다.

마침내 흘러 흘러 얼어붙는 눈물자욱을

당신을 향한 애달픈 사랑으로 씻어 가면서

기어이 당신을 찾고야 말리라 다짐해 봅니다.

다시는 다시는 당신을 떠나지 않으리라 맹세를 합니다.

부활

- 이수병 선생님을 기리며

너희는 나를 죽였지만
너희는 우리를 못 죽인다.
너희가 우리를 못 죽이니
너희는 나를 못 죽인다.

저어기 저 폭압과 탐욕을 뚫고
봄날 새순처럼 되살아나는 나를 보아라.
지치도록 긴 여름날 숲 이루어
너희를 덮어 버리는 나를 보아라.

가자 북으로 오라 남으로
이 땅이 뉘 땅인데
오도 가도 못하느냐
온몸으로 외치며 또 외치며

나를 따라오는 나를 보아라

나를 앞서가는 나를 보아라

짓밟아도 일어나는 나를 보아라

끝내는 하나 되는 나를 보아라.

너희는 나를 죽였지만

너희는 우리를 못 죽인다

너희가 우리를 못 죽이니

너희는 나를 못 죽인다.

회기동 연가

'옛이야기'로 풀어보는 경희대학교 학생운동사 I (1978-1980년)

초판 1쇄 발행일 2025년 11월 3일

지은이 정해랑
펴낸곳 도서출판 유심
펴낸이 이헌건
디자인 박정화

주소 경기도 남양주시 진접읍 해밀예당1로 295 2401동 1004호
전화 0505 625 7979
팩스 02 6007 1725
email toree58@naver.com
등록 제399-2021-000037호(2021년 6월 14일)

ISBN 979-11-87132-55-4 (03810)